Gymnasium **Bayern** Oberstufe

W0301811

Deutschbuch

Texte und Methoden

Arbeitsheft

Die Seminararbeit

Herausgegeben von
Kurt Finkenzeller und
Bernd Schurf

Erarbeitet von
Nathali Jückstock-Kießling

Cornelsen

1 Einleitung: Das W-Seminar

Was ist Wissenschaft? Was ist Wissenschaftspropädeutik?

Das wissenschaftspropädeutische Seminar (W-Seminar) hat zum Ziel, bereits in der Schule forschendes Lernen zu ermöglichen. Hier werden Sie im Rahmen eines übergreifenden Rahmenthemas zu selbstständigem wissenschaftlichem Arbeiten angeleitet. Im Verlauf des W-Seminars verfassen Sie eine individuelle Seminararbeit. Darin sollen Sie zeigen, dass Sie mit den grundlegenden wissenschaftlichen Erkenntnis- und Verfahrensweisen vertraut sind und die erforderlichen Arbeitsmethoden selbstständig, problemorientiert und zeitökonomisch anwenden können.

Wissenschaft – Begriff, Ziele, Methoden

1 Im Folgenden finden Sie einen Lexikontext zu dem Stichwort „Wissenschaft“.
Lesen Sie den Text gründlich und machen Sie in der unten stehenden Tabelle Notizen zu
- dem begrifflichen Umfang des Terminus „Wissenschaft“,
- den Zielen der Wissenschaft und
- den Methoden wissenschaftlichen Arbeitens.

Hinweis: Achten Sie dabei besonders auf die im Text verwendeten Attribute.

Aus dem Lexikon

Wissenschaft, der Inbegriff des durch Forschung, Lehre und überlieferte Literatur gebildeten, geordneten und begründeten, für gesichert erachteten Wissens einer Zeit; auch die für seinen Erwerb typische methodisch-systemat. Forschungs- und Erkenntnisarbeit sowie ihr organisatorisch-institutioneller Rahmen.
Hauptziel der W. ist die rationale, nachvollziehbare Erkenntnis der Zusammenhänge, Abläufe, Ursachen und Gesetzmäßigkeiten der natürl. wie der histor. und kulturell geschaffenen Wirklichkeit; neben der Erweiterung des Wissens über die Welt liefern v. a. Natur-W. und Technik die Mittel zu vorausschauender Planung und gezielter Veränderung der Wirklichkeit. Als Hauptmerkmal der W. wird [...] eine von Wertungen, Gefühlen und äußeren Bestimmungsmomenten freie, auf Sachbezogenheit gründende Objektivität angesehen, welche neben dem method. Konsens die Verallgemeinerungsfähigkeit und allg. Nachprüfbarkeit wissenschaftl. Aussagen begründet.

Aus: dtv-Brockhaus-Lexikon in 20 Bd. München: dtv 1989
© Brockhaus-Verlag, Wiesbaden, Mannheim.

Was bedeutet der Terminus „Wissenschaft“?	Was sind die Ziele der Wissenschaft?	Was kennzeichnet die Methoden?

! **Wissenschaftliche Disziplinen**

Die wichtigste Regel wissenschaftlichen Arbeitens ist: Wissenschaftliche Forschungsergebnisse müssen nachprüfbar und für andere nachvollziehbar sein. Diese Forderung bezieht sich sowohl auf die Forschungsphase, die genau und systematisch dokumentiert sein muss, als auch auf die Phase der schriftlichen Veröffentlichung der Forschungsergebnisse.

Die folgenden drei wissenschaftlichen Disziplinen unterscheiden sich in ihrer Methodik deutlich voneinander:

- **Naturwissenschaften** beschreiben und erklären die unbelebte und belebte Natur. Alle Naturwissenschaften teilen einen bestimmten methodischen Ansatz: Es werden Hypothesen über natürliche Phänomene gebildet und zu ihrer Überprüfung Experimente durchgeführt. Die Hypothese muss in sich widerspruchsfrei, logisch schlüssig und durch eine Wiederholung des Experiments nachprüfbar sein. Sie sollte Phänomene besser erklären als bisherige Modelle und auch prognostische Qualität besitzen. Bewährt sich die Hypothese in vielen Experimenten, wird sie als Theorie bezeichnet.
- **Sozialwissenschaften** untersuchen das gesellschaftliche Zusammenleben von Menschen theoretisch und praktisch. In den Sozialwissenschaften wird mit qualitativen wie quantitativen Methoden geforscht. Experiment und statistische Erhebung sind bevorzugte Methoden. Die so gewonnenen Ergebnisse müssen durch Wiederholung nachgeprüft werden können. Da es die Sozialwissenschaften mit dem in seiner Entscheidung freien Menschen zu tun haben, reicht ihre Theoriebildung aber darüber hinaus. Diese nicht empirische Ebene der Theoriebildung muss für andere dadurch nachprüfbar sein, dass eine schlüssige Argumentation vorliegt.
- **Geisteswissenschaften** untersuchen Geistesprodukte des Menschen wie Literatur, Philosophie und bildende Kunst. Sie versuchen, diese zu verstehen und zu interpretieren. Ihre Methode besteht in der Auslegung von Texten o. Ä. Geisteswissenschaftliche Ergebnisse kommen bisweilen empirisch zu Stande, basieren aber meist auf rein gedanklicher Auseinandersetzung und verwenden literaturanalytische und interpretative Verfahren. Nachprüfbar werden die Ergebnisse geisteswissenschaftlicher Forschung durch ihre rationale, kausale Argumentationsführung.

2 Prüfen Sie, inwiefern die genannten methodischen Ansätze in den verschiedenen Wissenschaften relevant sind. Tragen Sie wo sinnvoll jeweils ein Beispiel für die Anwendung der Methode ein.

Methode	Naturwissenschaften	Sozialwissenschaften	Geisteswissenschaften
Experiment			
Interpretation			
Bildung von Hypothesen			
empirische Forschung			
Auseinandersetzung mit Forschungsliteratur			

2 Orientierung im Rahmenthema

2.1 Überblicksinformationen suchen

Diesem Arbeitsheft liegt das Rahmenthema „Was ist ein gutes Buch? Einführung in die Wertung von Literatur" zu Grunde. Die folgenden Beispiele, die die Arbeitsprozesse im W-Seminar abbilden, lassen sich aber auf andere Themenstellungen leicht übertragen.
Da alle individuellen Seminararbeitsthemen in das Seminarthema eingebettet sind, steht am Anfang die gemeinsame Orientierung des Kurses im Rahmenthema. Dabei wird Ihr Vorwissen erfasst und, z.B. mit Hilfe von Tertiärliteratur, eine gemeinsame Wissensgrundlage unter allen Kursteilnehmern und -teilnehmerinnen geschaffen.

! **Primär-, Sekundär- und Tertiärliteratur**

Im Kontext wissenschaftlichen Arbeitens unterscheidet man drei Arten von Literatur:

- Alle Texte, die selbst Gegenstand der Forschung sind, bezeichnet man als **Primärliteratur.** Im Rahmen einer literaturwissenschaftlichen Arbeit sind Primärtexte vornehmlich literarische Texte.
- Alle Texte, die den Gegenstand der Forschung wissenschaftlich behandeln, sich also mit einem Primärtext oder einem materialen Forschungsgegenstand beschäftigen, bezeichnet man als **Sekundärliteratur.**
- Unter **Tertiärliteratur** versteht man Texte, die einen knappen Überblick über den gegenwärtigen Wissensstand einer wissenschaftlichen Disziplin geben, jedoch keinen eigenständigen Beitrag dazu leisten wollen. Texte dieser Art findet man insbesondere in Lexika und Wörterbüchern sowie in fachbezogenen Gesamtdarstellungen. Sie dienen zur Erstorientierung im Thema und sind Ausgangspunkt einer vertiefenden Beschäftigung.

Im Folgenden finden Sie eine Auswahl an Nachschlagewerken und Gesamtdarstellungen für das Fach Deutsch:

Nachschlagewerke allgemein, gedruckt und online
- Der Große Brockhaus (in einigen Bereichen auch kostenpflichtig online: http://www.brockhaus.de/)
- Meyers Lexikon (in einigen Bereichen auch online: http://lexikon.meyers.de/meyers/Meyers:Meyers_Lexikon_online)
- http://de.encarta.msn.com/

Literaturlexika
- Kindlers Literaturlexikon
- Kindlers Neues Literaturlexikon
- Lexikon der Weltliteratur. Kröner

Literaturgeschichten
- Wolfgang Beutin, Klaus Ehlert und Wolfgang Emmerich: Deutsche Literaturgeschichte. Von den Anfängen bis zur Gegenwart. 7., erw. Aufl. Stuttgart, Weimar: Metzler 2008
- Peter J. Brenner: Neue deutsche Literaturgeschichte. 2., aktualisierte Aufl. Tübingen: Niemeyer 2004
- Deutsche Literaturgeschichte in zwölf Bänden. München: dtv 1991–2003
- Friedrich G. Hoffmann, Herbert Rösch: Grundlagen, Stile, Gestalten der deutschen Literatur. Berlin: Cornelsen 1996
- Kurt Rothmann: Kleine Geschichte der deutschen Literatur. 18., erw. Aufl. Stuttgart: Reclam 2003
- Horst D. Schlosser: dtv-Atlas Deutsche Literatur. 10., durchges. und aktualisierte Aufl. München: dtv 2006
- Peter und Hartmut Stein: Chronik der deutschen Literatur. Stuttgart: Kröner 2008

Literaturwissenschaftliche Lexika
- Volker Meid: Sachlexikon Literatur. dtv
- Volker Meid: Sachwörterbuch zur deutschen Literatur. Reclam
- Metzler-Lexikon Literatur- und Kulturtheorie
- Ulfert Ricklefs: Das Fischer-Lexikon Literatur
- Günter und Irmgard Schweikle: Metzler-Lexikon Literatur
- Gero v. Wilpert: Sachwörterbuch der Literatur. Kröner

1 Verwenden Sie diese Übersicht im Verlauf der Recherchen zum Rahmenthema Ihres W-Seminars. Nutzen Sie Bibliotheken (→ S. 24 ff.) und die Möglichkeiten des Internets (→ S. 27 ff.).

2.2 Überblicksinformationen strukturieren, visualisieren und vergleichen

Text 1 (aus: Sachlexikon Literatur, dtv)

Literaturkritik, Theaterkritik. Die L. ist seit dem 18. Jh. im Zusammenspiel mit Buchhandel, Bibliotheken, Massenmedien, Literaturunterricht an Schulen u. Universitäten eine jener literaturvermittelnden Institutionen, die den schriftlichen Kommunikationsprozess zwischen Autoren und potenziellen Lesern ermöglichen, fördern und lenken. Mit dem Begriff L. wird heute in Deutschland meist die informierende, interpretierende u. wertende Auseinandersetzung mit vorrangig neu erschienener Literatur u. zeitgenössischen Autoren in den Massenmedien bezeichnet. Hierin unterscheidet sich die dt. von der engl. oder frz. Begriffsverwendung (literary criticism, critique littéraire), die, wie z.B. René Wellek (1977) betont, zusätzlich „Literaturtheorie und Poetik" umfasst. In Deutschland wird daher auch deutlicher als in anderen Ländern zwischen (journalistischer) L. u. (akademischer) Literaturwissenschaft unterschieden. [...]
GESCHICHTE DES BEGRIFFS UND ENTSTEHUNG DER INSTITUTION. Die faktischen Unterschiede zwischen L. und Literaturwissenschaft sind das Ergebnis von histor. Prozessen der Expansion, Spezialisierung und Ausdifferenzierung im Literatursystem, die im 17. Jh. beginnen, im Jahrhundert der Aufklärung im Medium zahlreicher neuer Zeitschriften die L. u. T. als relativ eigene Institution etablieren u. sie in der zweiten Hälfte des 19. Jh. mit der Entstehung der kommerzialisierten Massenpresse zur Angelegenheit des Feuilletons in der Zeitung machen. [...]
FUNKTIONEN MODERNER LITERATURKRITIK. Die Institutionalisierung der modernen L. ist eine Begleiterscheinung zunehmender Alphabetisierung u. des expandierenden Buchmarkts u. sie hat mit ihm zusammen Anteil an der Entstehung bürgerl. Öffentlichkeit (Habermas 1962, Hohendahl 1974), vor der sich staatl. Macht legitimieren muss. Der kulturelle Bedarf schreibt ihr mehrere, z.T. miteinander in Konflikt stehende Funktionen zu, die in ihrer histor. Entwicklung unterschiedliches Gewicht bekommen: 1. In ihrer informierenden Funktion verschafft sie einen Überblick über eine zunehmend unüberschaubare Zahl von Neuerscheinungen. 2. In ihrer Selektionsfunktion gibt sie durch die Auswahl rezensionswürdiger Literatur u. ihre Bewertung potenziellen Lesern eine Entscheidungshilfe zum Kauf u. zur Lektüre. 3. In ihrer didaktischen Funktion für das Publikum vermittelt sie Wissen u. Fähigkeiten, die zur Lektüre solcher Werke notwendig sind, die besonders auf Grund ihres innovatorischen Abstands zu eingespielten Leseerwartungen Verständnisschwierigkeiten bereiten. 4. In ihrer didaktischen u. sanktionierenden Funktion für Literaturproduzenten (Autoren, Verlage) weist sie auf qualitative Schwächen oder Stärken der publizierten Literatur hin, um damit die Qualität zukünftiger Buchproduktion zu fördern. 5. In ihrer reflexionsstimulierenden Funktion fördert sie das öffentl. Räsonnement über Literatur u. die selbstreflexiven Prozesse innerhalb des Literatursystems. [...]

Sachlexikon Literatur. Hrsg. von Volker Meid. München: dtv 2000
© Bertelsmann-Lexikon-Verlag, Gütersloh/München.

Text 2 (aus: Brockhaus)

Literaturkritik als Sichtung und Wertung der Lit. aller Zeiten und Völker ist Wesensbestandteil der Literaturwissenschaft. Als aktuelle Kritik neu erschienener Literatur ist sie untrennbar verbunden mit der Entwicklung des Zeitschriften- und Zeitungswesens (↑ Rezension). Zw. aktueller L. und Literaturwissenschaft steht die Essayistik über literar. Gegenstände. – Die neuere L. ging aus den Kommentaren ital. und frz. Humanisten zu Poetiken des Aristoteles und des Horaz hervor. Eine L. i. e. S. entstand im 17. und 18. Jh. in Frankreich (N. Boileau) und England (A. Pope, S. Johnson). Durch die frz. Enzyklopädie, die engl. „Moralischen Wochenschriften" und die nachfolgenden deutschen „Revuen" entwickelte sich eine feste Methode der Kritik, die sich zugleich als öffentl. Erziehung des Geschmacks und der Sitte und als eine prakt. Schule des Künstlers verstand. Mit Lessing wurde die L. differenzierter: Es kam weniger darauf an, ein Kunstwerk auf die Erfüllung feststehender Regeln hin zu beurteilen, als es in seiner Eigenart („Originalität") zu verstehen (Moment der „Einfühlung": Herder, Wieland, Goethe, W. v. Humboldt und A.W. Schlegel u.a.). Mit dem Jungen Deutschland kamen verstärkt soziale und polit. Perspektiven zur Geltung. Das Feuilleton wurde geprägt durch einen geistreichen Subjektivismus, der nicht selten das lit. Urteil zur polit. Waffe aktivierte (L. Börne, H. Heine). In Frankreich suchte H. Taine die L. auf die Erkenntnis geschichtl. Bedingungen zu gründen (Rasse, Milieu u.a.); im Realismus und Naturalismus wurde bes. der Gehalt an „Wirklichkeit" zum Maßstab. Gegen all diese Bestrebungen, zu denen auch die spätere orthodox-marxist. L. mit dem Postulat der Nützlichkeit von Kunstwerken [...] zu rechnen ist, war die Bewegung L'art pour l'art gerichtet. In der Gegenwart werden auch die Aspekte der Information des Publikums und das Problem des – nicht dogmatisch betrachteten – Zusammenhangs von Kunstwerk und Gesellschaft hervorgehoben. [...]

dtv-Brockhaus-Lexikon in 20 Bd. München: dtv 1989, S. 120ff.
© Brockhaus-Verlag, Wiesbaden, Mannheim.

1 Die beiden Texte aus verschiedenen Nachschlagewerken auf S. 6 behandeln das Phänomen „Literaturkritik“ und liefern damit Erstinformationen zum hier zu Grunde gelegten Rahmenthema „Was ist ein gutes Buch? Einführung in die Wertung von Literatur“.
Lesen Sie beide Texte gründlich durch.

Um Texte, die Ihnen Erstinformationen zum Rahmenthema liefern, voll auszuschöpfen, ist deren gründliche Lektüre nur der erste Schritt. Lesen Sie Texte, bei denen Eintragungen erlaubt sind, grundsätzlich mit dem Stift in der Hand. Markieren Sie bereits beim ersten Lesen schwierige und zu klärende Begriffe und Formulierungen mit Bleistift. Spätestens beim zweiten Lesen markieren Sie auch zentrale Begriffe sowie besonders wichtige oder fragwürdige Textstellen. Auch knappe Bemerkungen zur Gedankenführung bzw. Argumentationsstruktur am Rand sind hilfreich. Beachten Sie die Hinweise zum Markieren auf S. 38.
Nutzen Sie außerdem Techniken der Visualisierung und Strukturierung wie die Mind-Map oder die Treppe. Sie helfen Ihnen, sich die zentralen Aussagen eines Textes übersichtlich vor Augen zu führen und so einen Überblick über die verschiedenen Teilaspekte des Rahmenthemas zu gewinnen. Zugleich kann eine solche Visualisierung noch unklare, offene Bereiche verdeutlichen und Ihnen auf diese Weise Suchbegriffe für die weitere Recherche liefern.

Informationen überblicksartig visualisieren

a) Mind-Map

Mit Hilfe einer Mind-Map (engl. „Gedankenlandkarte“) werden die Gedanken zu einem Thema bzw. die Kernaussagen eines Textes übersichtlich geordnet.
Damit steht die Mind-Map der Gliederung nahe; sie lässt allerdings stärker als die Gliederung Vernetzungen zu und hat eine visuell einprägsame Form.

Ausgehend von dem in der Mitte eines Blattes notierten Thema zeichnet man Äste, die mit Oberbegriffen beschriftet werden. Diese werden dann durch weitere Verzweigungen mit Unterbegriffen oder genaueren Informationen differenziert.
Wo sinnvoll, können auch verschiedene Farben eingesetzt oder zusätzliche Visualisierungen wie Symbole und Bilder eingearbeitet werden.
Auf diese Weise entsteht ein Schema, das die gedankliche Struktur des Textes bzw. Sachgebietes in der Fläche überblicksartig abbildet.

Die Mind-Map ist im Rahmen des W-Seminars vielfältig einsetzbar:
- Sie kann die Gliederung der schriftlichen Arbeit vorbereiten (→ S. 51),
- den Aufbau eines Referats verdeutlichen (→ S. 52 f.) oder
- bei der Erschließung des Rahmenthemas nützliche Dienste leisten.

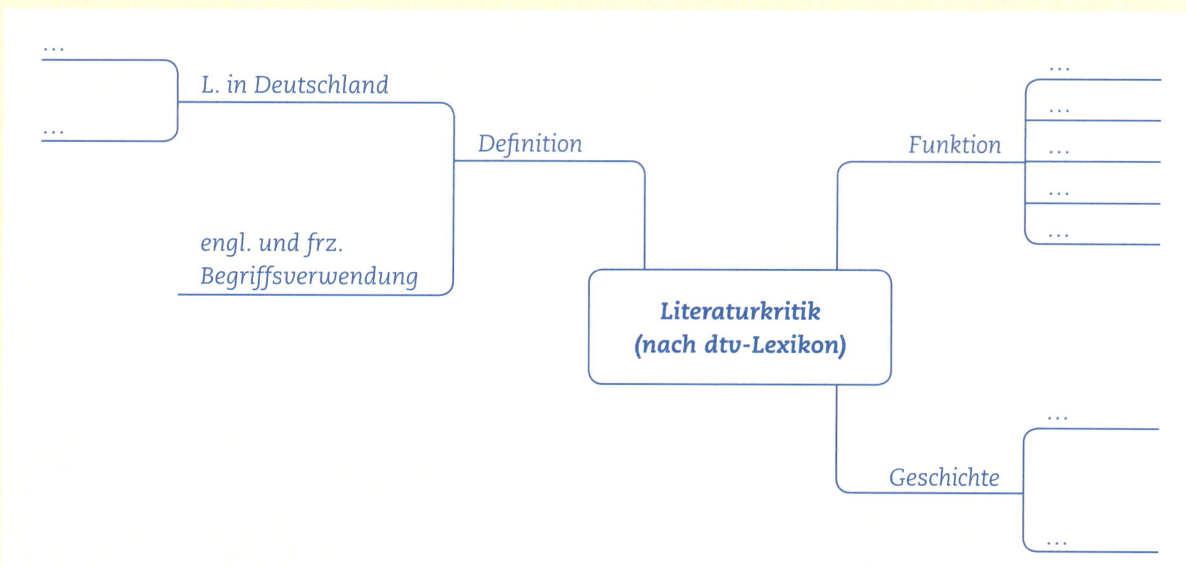

b) Treppenmethode

Eine noch stärker hierarchisch organisierte Form der Darstellung ist die Treppe.

Hier steht der Oberbegriff, der das Thema angibt, auf der obersten Stufe. Die tieferen Treppenstufen bilden die Differenzierung dieses Oberbegriffs in Teilaspekte ab. Statt einzelner Begriffe ist bei der Treppenmethode auch die Formulierung ganzer Sätze möglich.

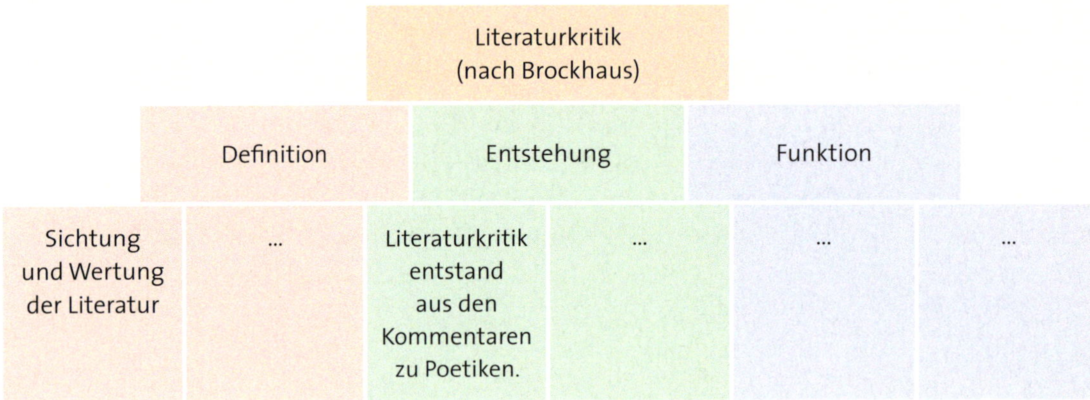

2 **a** Übertragen Sie die auf S. 7 abgebildete Mind-Map zu Text 1 (→ S. 6) auf ein gesondertes Blatt und vervollständigen Sie sie. Fügen Sie bei Bedarf auch weitere Verzweigungen ein.
b Erstellen Sie auf einem weiteren Blatt eine Mind-Map zu Text 2 (→ S. 6).
c Vergleichen Sie mit Hilfe Ihrer Visualisierungen die beiden Basistexte miteinander.
Benennen Sie in Stichworten Gemeinsamkeiten und Unterschiede. Achten Sie insbesondere darauf, inwiefern die zwei Texte jeweils unterschiedliche Teilaspekte des Rahmenthemas in den Vordergrund stellen.

	Rahmenthema „Was ist ein gutes Buch? Einführung in die Wertung von Literatur“ Vergleich von Text 1 und Text 2
Gemeinsamkeiten:	
Unterschiede:	

3 **a** Erarbeiten Sie sich verschiedene Basistexte zum Rahmenthema Ihres W-Seminars.
Machen Sie dabei von den vorgestellten Möglichkeiten der Visualisierung (Mind-Map, Treppenmethode) Gebrauch.
b Vergleichen Sie mit Hilfe Ihrer Visualisierungen die verschiedenen Basistexte miteinander.
c Erstellen Sie eine Mind-Map, die auf der Grundlage der erarbeiteten Basistexte alle Teilaspekte Ihres Rahmenthemas erfasst.
d Notieren Sie sich gegebenenfalls Bereiche, die Ihnen noch unklar sind, und stellen Sie dazu weitere Recherchen an.

2.3 Fachvokabular erarbeiten, ein Glossar erstellen

Die Sprache in wissenschaftlichen Zusammenhängen unterscheidet sich deutlich von der Alltagssprache. Häufig wird in einer wissenschaftlichen Teildisziplin ein bestimmter Wortschatz verwendet. Der Bedeutungsumfang von Vokabeln aus diesem Fachwortschatz kann sich erheblich von der allgemein üblichen Verwendung unterscheiden.
Da eine Klärung der Begriffe sowohl für die gemeinsame Arbeit am Rahmenthema als auch für Ihre Beschäftigung mit Ihrem individuellen Seminararbeitsthema notwendig ist, empfiehlt es sich, frühzeitig ein Glossar zu den wichtigsten Fachtermini und deren Bedeutung anzulegen. Ein solches Glossar wird Ihnen später auch beim Schreiben Ihrer Seminararbeit helfen (→ S. 55, wissenschaftlicher Stil: Fachsprache benutzen).

! **Glossar**

Ein **Glossar** ist eine Liste von Wörtern mit Erklärungen, die den Wortschatz eines bestimmten, inhaltlich abgegrenzten Themengebiets, Textes oder Textkorpus erschließen.

Um ein Glossar zu erstellen, gehen Sie folgendermaßen vor:
- Schreiben Sie aus dem wissenschaftlichen Text/Textkorpus alle Begriffe heraus, die in einer offenbar spezifischen Art und Weise verwendet werden und die Sie nicht auf Anhieb verstehen.
- Ordnen Sie diese Begriffe alphabetisch. In das Glossar gehören keine Fremdwörter, die für das entsprechende Thema nicht spezifisch sind.
- Suchen Sie nach präzisen Worterklärungen. Verwenden Sie zu diesem Zweck Wörterbücher, Fremdwörterlexika und fachspezifische Nachschlagewerke. Erschließen Sie weitere Bedeutungsdimensionen aus dem Textzusammenhang.

1 Erstellen Sie ein Glossar zu den zwei Basistexten auf S. 6.
Setzen Sie dazu das folgende Beispiel in Ihren Unterlagen fort.

Begriff	***Erklärung***
Feuilleton	*1. Teil der Zeitung, der sich mit Kultur beschäftigt; 2. stilistisch und sprachlich ausgewogener Beitrag im Feuilletonteil einer Zeitung*
Institution	*einem bestimmten Bereich zugeordnete öffentliche Einrichtung, die bestimmten Regeln folgt und bestimmte Funktionen erfüllt*
Kommunikation	*Verständigung, Übermittlung von Informationen, Mitteilung. Im wissenschaftlichen Kontext steht dieser Begriff in Verbindung mit einem bestimmten Kommunikationsmodell (Sender-Empfänger-Modell), mit dessen Hilfe man sich den Ablauf der Verständigung vorstellt*
Literatursystem	…
Literaturvermittlung	…
…	…

2 Legen Sie ein Glossar mit Fachvokabular zum Rahmenthema Ihres W-Seminars an.
Ergänzen Sie es im Zuge Ihrer weiteren Recherchen.

3 Die Seminararbeit planen

3.1 Die Rahmenbedingungen klären

Für die Seminararbeit im wissenschaftspropädeutischen Seminar gelten bestimmte Regelungen. Manche dieser Regelungen sind für ganz Bayern gültig, andere sind schul- oder lehrerspezifisch. Hinweise finden Sie im Internet unter www.gymnasiale-oberstufe-bayern.de. Viele Schulen stellen ihren Schülerinnen und Schülern zudem Unterlagen mit den wichtigsten Informationen zur Verfügung. Auch Ihr Seminarfachlehrer/Ihre Seminarfachlehrerin wird Ihnen bei Fragen weiterhelfen können. Bemühen Sie sich, die Rahmenbedingungen für Ihre Seminararbeit frühzeitig abzuklären, denn nur so können Sie zielstrebig planen.

1 **a** Klären Sie anhand der folgenden Checkliste, in welchem Rahmen Sie sich mit Ihren eigenen Überlegungen zur Facharbeit bewegen können.
Notieren Sie dazu in der zweiten Spalte die in Bayern gültigen bzw. schulspezifischen Festlegungen.
b Ergänzen Sie in der dritten Spalte, was Ihnen noch unklar ist.
c Klären Sie die offenen Punkte zeitnah und möglichst verbindlich und halten Sie das Ergebnis in der rechten Spalte fest.

Was zu bedenken ist	Vorgegebene Festlegungen	Was noch zu klären ist	Ergebnis der Klärung
Themenfindung In der Regel schlagen Schülerinnen und Schüler Themen vor und die Lehrkraft präzisiert sie und sorgt damit für die Berücksichtigung fachlicher Standards in der Themenstellung. Es kann aber auch die Lehrkraft geeignete Arbeitsthemen anbieten.			
Fachübergreifende Themen Themen können die Grenze eines Faches überschreiten, wenn eine kompetente Korrektur gewährleistet ist.			

Was zu bedenken ist	Vorgegebene Festlegungen	Was noch zu klären ist	Ergebnis der Klärung
Umfang Der Umfang der Seminararbeit ist begrenzt. Oft werden neben der Seitenzahl auch Schriftgröße, Seitenränder und Zeilenabstand vorgegeben.			
Formale Vorgaben Sie betreffen die Gestaltung des Titelblatts, aber auch Regelungen für Literaturnachweise usw. (→ S. 61 ff.).			
Zeitrahmen Abgabetermine sind zwar zentral festgelegt, „Meilensteine“ dazwischen können aber erheblich variieren (→ S. 19).			
Beratung In den Phasen eigenständiger Arbeit ist die individuelle Beratung durch die Seminarlehrerin bzw. den Seminarlehrer vorgeschrieben; die Regelungen dafür variieren.			
Benotung Besonderheiten der Benotung müssen vorab geklärt werden (→ S. 79).			

3.2 Das Thema finden und präzisieren

Wenn Sie sich in Ihrem Rahmenthema auskennen, können und müssen Sie Ihr individuelles Seminararbeitsthema festlegen. Dabei helfen Ihnen die folgenden Überlegungen, sodass Sie am Ende dieses Kapitels ein Thema formulieren können.
Die Themenbereiche für Seminare mit Anbindung an das Fach Deutsch sind vielfältig. Dennoch kann man fünf Themenbereiche systematisch voneinander abgrenzen:

- Themen aus der Literatur und Literaturgeschichte (z. B. Detektivfiguren in deutschen Kriminalromanen),
- Themen aus dem literarischen Leben oder dem Theater (z. B. Theaterleben im Wandel – der Spielplan des Theaters Nürnberg zwischen 1946 und 2008),
- Themen aus dem Bereich Sprache oder Sprachgeschichte (z. B. Sprachwandel durch Sprachkontakt: Denglisch, Deutsch-Türkisch und andere Mischungsphänomene),
- Themen aus dem Bereich Medien (z. B. Ist das Buch tot? Mediennutzung im Wandel),
- interdisziplinäre Themen (z. B. Geschichte der Oper und ihrer Libretti).

Die grundsätzliche Wahl des Themenbereichs – und damit auch des Bezugs Ihrer Seminararbeit – ist durch die Wahl des Seminarfachs bereits erfolgt. Innerhalb dieses Bezugsrahmens gibt es aber eine Vielzahl von möglichen Seminararbeitsthemen mit unterschiedlichen methodischen Schwerpunkten.

! **Kriterien für die Themenwahl der Seminararbeit**

Nicht jedes Thema eignet sich für eine Facharbeit. Ein gutes Thema sollte folgende Kriterien erfüllen:

- **Klarer Bezug zum Rahmenthema**
  Bei der Wahl des Themas ist darauf zu achten, dass die Seminararbeit einen Beitrag zur im Rahmenthema behandelten Frage leistet. Die vergebenen Seminararbeiten sollten sich zu einem Panorama ergänzen – diese Koordination ist die Aufgabe der Seminargruppe und der Lehrkraft.
- **Raum für fachmethodisches wissenschaftliches Arbeiten**
  Das Thema muss so beschaffen sein, dass fachspezifische wissenschaftliche Methoden angewandt werden können und müssen (zitieren, bibliografieren, interpretieren usw.).
- **Abgrenzbarkeit der Themenstellung**
  Das Thema muss umfassend sein, sodass es eine fundierte Beschäftigung ermöglicht. Es darf aber die Verfasserin bzw. den Verfasser weder inhaltlich noch hinsichtlich des Umfangs überfordern.
- **Ermöglichung von forschendem, entdeckendem Arbeiten**
  Verbreitete Themen, die durch Herunterladen von Internetseiten oder das Abschreiben bereits vorhandener Bücher zu bewältigen sind, sind zu vermeiden.
- **Persönliches Interesse**
  Ziehen Sie einem Thema, das Sie kaum interessiert, ein Thema vor, das Sie wirklich interessiert, weil Sie einen persönlichen Bezug dazu haben – oder weil es so fremd ist, dass Sie deswegen neugierig sind.

WAS PASST ZUM RAHMENTHEMA?

Themen formulieren

Geeignete Themen für Facharbeiten lassen sich häufig finden, wenn Sie die Peripherie einer zum Rahmenthema angefertigten Mind-Map genauer betrachten. Oft können diese Themen an Beispielen konkretisiert werden.

1 Aus den beiden Mind-Maps zum Thema „Literarische Kritik" (→ S. 8, Aufg. 2) lassen sich die unten stehenden Seminararbeitsthemen ableiten. Setzen Sie die Liste mit eigenen Ideen fort.

1. *Formen der Literaturkritik im Fernsehen, Internet und in den Printmedien am Beispiel von …*
2. *Die Entstehung der Literaturkritik im 18. Jahrhundert am Beispiel von …*
3. *Beurteilungskriterien der Literaturkritik am Beispiel von …*
4. *Die literarische Beurteilung eines Autors am Beispiel von Friedrich Hölderlin*
5.
6.
7.

2 **a** Betrachten Sie die von Ihnen erstellte Mind-Map zum Rahmenthema Ihres Seminars (→ S. 8, Aufg. 3) und listen Sie in Auseinandersetzung damit fünf mögliche Themen für Seminararbeiten auf, die Sie interessieren könnten.
b Ergänzen Sie Ihre Liste mit Vorschlägen, die Ihnen Ihre Seminarfachlehrerin bzw. Ihr Seminarfachlehrer unterbreitet.

Themen für Seminararbeiten

Wissenschaftliche Methoden kennen lernen

Verschiedene Themenstellungen erfordern unterschiedliche Methoden der Bearbeitung. Wie gut Ihnen ein Seminararbeitsthema liegt, hängt nicht zuletzt davon ab, ob Sie mit den zu verwendenden Methoden zurechtkommen.
Für eine Seminararbeit im Fach Deutsch kommen vier grundlegende methodische Schwerpunkte in Betracht.

	literaturanalytisch	**interpretativ**	**produktions-/ handlungsorientiert**	**empirisch-investigativ (datenbasiert-forschend)**
Vorgehen	Untersuchung von Primär- und Sekundärliteratur	Untersuchung v.a. literarischer Primärliteratur und von Sekundärliteratur	Erarbeitung eigener Produkte zu einem literarischen/sprachwissenschaftlichen Thema	Erhebung und Auswertung von Daten aus einem Bereich der Lebenswelt
Arbeitsform	v.a. Arbeit mit Texten in Bibliotheken, dem Internet, am heimischen Schreibtisch	v.a. Arbeit mit Texten in Bibliotheken, dem Internet, am heimischen Schreibtisch	kreative Gestaltung und Organisation auf der Basis einer fundierten Auseinandersetzung mit dem Gegenstand	empirische Datenbeschaffung durch Kontakt mit Menschen und/oder Auswertung von Material
Material	Auswertung und Überprüfung einer vorhandenen Materialbasis	Auswertung und Überprüfung einer vorhandenen Materialbasis	kreative Reaktion auf eine vorhandene Materialbasis und dadurch Schaffung eigenen Materials	Schaffung oder Erweiterung der zu untersuchenden Materialbasis
Methode	Auswertung von Primärliteratur mit Hilfe vereinbarter/ geeigneter Methoden, wissenschaftliche Auswertung von Sekundärliteratur	Auswertung von Primärliteratur mit Hilfe vereinbarter/ geeigneter Methoden, wissenschaftliche Auswertung von Sekundärliteratur	Reaktion auf Material mit Hilfe selbst zu findender Methoden	Auswertung des Recherchematerials mit Hilfe statistischer Kenntnisse und Einordnung anhand von geeigneten wissenschaftlichen Methoden
Erkenntnisgewinn	Tendenz zur Neuformulierung bereits vorhandener Erkenntnisse	je nach wissenschaftlicher Aufarbeitung des Gegenstands eher Neuformulierung bereits vorhandener Erkenntnisse oder Gewinnen neuer Einsichten	Aufspüren neuer Zusammenhänge	Aufspüren neuer Fakten und Zusammenhänge
Formulierung	Möglichkeit zur Orientierung an den untersuchten Texten	je nach wissenschaftlicher Aufarbeitung des Gegenstands eher Orientierung an den untersuchten Texten oder Neuformulierung	eigenständige, auch poetisch-künstlerische Versprachlichung der Ergebnisse	eigenständige Versprachlichung der Ergebnisse
Beispiele für Themen	1. Die Kanonisierung Goethes als „Klassiker" 2. Der Kanon im Wandel der Zeit am Beispiel ausgewählter Literaturgeschichten	1. Die Debatte um Bernhard Schlinks „Der Vorleser" 2. Die Reaktion auf Daniel Kehlmanns „Die Vermessung der Welt" und eine eigene Wertung des Romans	1. Organisation eines „Literarischen Quartetts" an der Schule 2. Verfassen eigener Rezensionen zu aktuellen Texten und Entwurf eines Rasters literarischer Wertung	1. Lesegewohnheiten von Jungen und Mädchen der 5./6. Klasse und ein Konzept zur Leseförderung 2. Spiegel, FAZ, Brigitte: Maßstäbe literarischer Kritik

1 Sortieren Sie die Themen, die Sie zu Ihrem Seminarfach erarbeitet haben (→ S. 13, Aufg. 2), in die entsprechenden Spalten der folgenden Tabelle ein.

	literaturanalytisch	interpretativ	produktions-/ handlungsorientiert	empirisch-investigativ
eigene Beispiele für Themen				

Durch die Wahl für eine bestimmte Forschungsmethode wird auch der Schwerpunkt der jeweiligen Arbeitstechnik festgelegt:

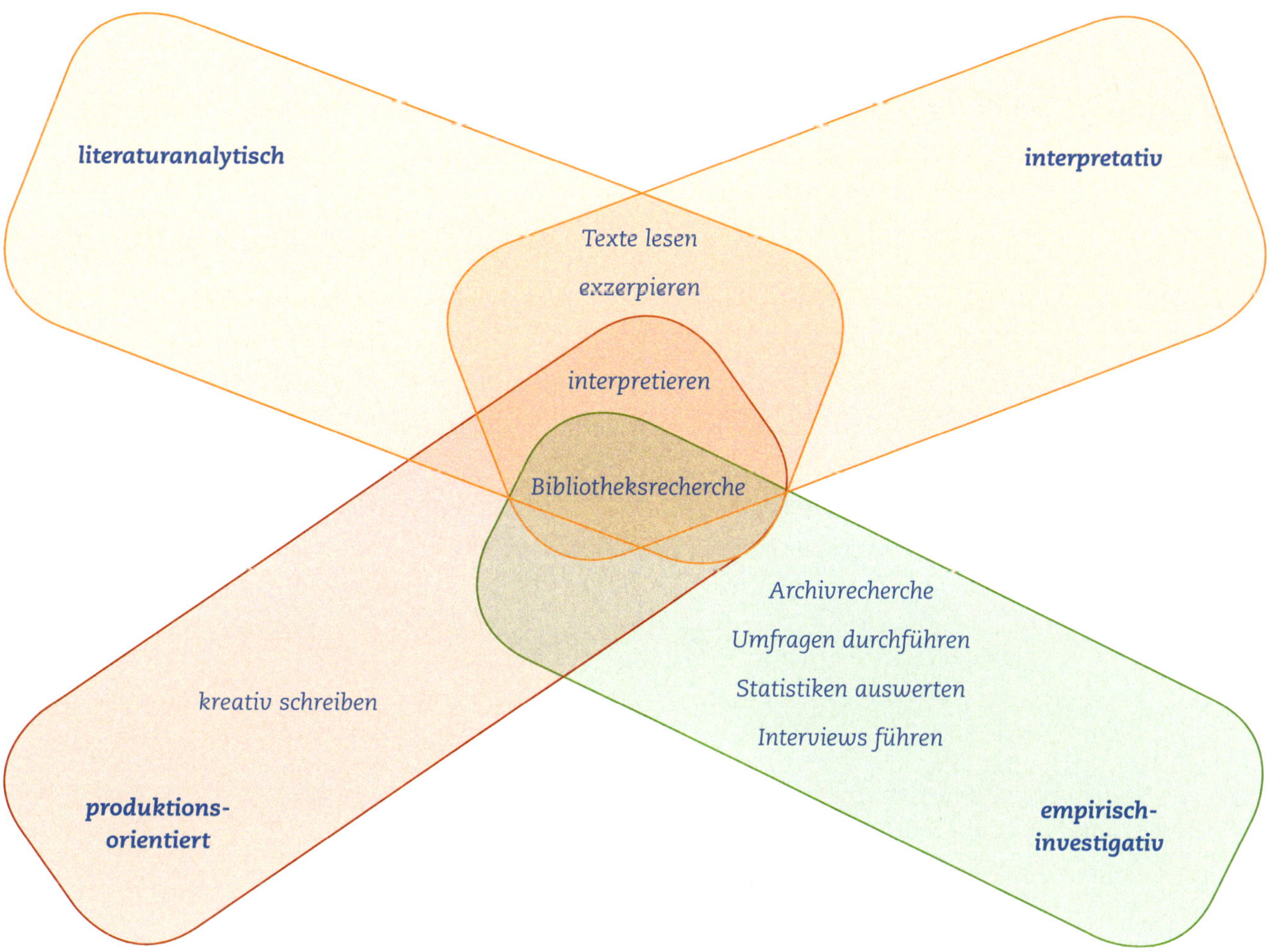

Methoden wählen

1 Schätzen Sie, ausgehend von der Tabelle auf S. 14 und dem Schaubild auf S. 15, ein, welche der vorgestellten Methoden Sie beherrschen. Berücksichtigen Sie dabei, welche Arbeitstechniken Sie bereits sicher anwenden. Kreuzen Sie an.

	Ich kann			
	nicht	**etwas**	**recht gut**	**souverän**
wissenschaftliche Texte lesen/exzerpieren	☐	☐	☐	☐
Texte interpretieren	☐	☐	☐	☐
in Bibliotheken recherchieren	☐	☐	☐	☐
kreativ schreiben	☐	☐	☐	☐
in Archiven recherchieren	☐	☐	☐	☐
Umfragen durchführen	☐	☐	☐	☐
Statistiken auswerten	☐	☐	☐	☐
Interviews führen	☐	☐	☐	☐

2 Überprüfen Sie, welche Methoden für die Seminararbeitsthemen geeignet sind, für die Sie sich interessieren.

Mein bevorzugtes Thema:	**Dafür geeignete Methode und Arbeitstechniken:**
______________________	______________________
______________________	______________________
______________________	______________________
______________________	______________________
______________________	______________________
______________________	______________________

Mein Alternativvorschlag:	**Dafür geeignete Methode und Arbeitstechniken:**
______________________	______________________
______________________	______________________
______________________	______________________
______________________	______________________
______________________	______________________
______________________	______________________

Fragestellungen formulieren

! Eine differenzierte Fragestellung entwickeln

Wenn Sie sich für einen Themenbereich entschieden haben, müssen Sie **präzise Fragestellungen entwickeln,** mit denen Sie weiterarbeiten möchten. Ergiebig sind Fragestellungen, die eine der folgenden **Formulierungen** enthalten:
- wann/seit wann?
- warum?
- wie/auf welche Weise?
- mit welchem Ergebnis/mit welcher Folge?
- welchen Beitrag leistet XY für ...?
- inwiefern unterscheidet sich XY von ...?
- wie zeigt sich das Prinzip am konkreten Beispiel?

1 Formulieren Sie Fragestellungen für die unten genannten Seminararbeitsthemen. Orientieren Sie sich dabei an dem folgenden Muster und gehen Sie ruhig schematisch vor.

Beispiel anhand des Seminararbeitsthemas „Die literarische Beurteilung eines Autors am Beispiel von Friedrich Hölderlin"
- Wann wurde Friedrich Hölderlin auf eine bestimmte Weise beurteilt?
- Warum änderte sich die Beurteilung Hölderlins?
- Wie wurde Hölderlin beurteilt?
- Welche Folgen hatte die Beurteilung?

Thema 1: Formen der Literaturkritik im Fernsehen, Internet und in den Printmedien am Beispiel von Patrick Süskinds „Das Parfum"

____

____

____

____

____

Thema 2: Beurteilungskriterien der Literaturkritik am Beispiel von Patrick Süskinds „Das Parfum"

____

____

____

____

____

2 **a** Formulieren Sie zu den Themen, die Sie in die engere Wahl für Ihre Seminararbeit gezogen haben, geeignete differenzierende Fragestellungen, die Sie persönlich interessieren.
b Überprüfen Sie – mit Hilfe einer ersten groben Recherche (→ S. 22 f.) –, ob sich diese Fragestellungen bearbeiten lassen.

Das Thema formulieren

1 **a** Notieren Sie das Thema Ihrer Seminararbeit.
b Formulieren Sie möglichst exakt, was Sie an dem Thema inhaltlich und methodisch interessiert und was Sie herausfinden möchten.

Mein Thema lautet:

Folgendes interessiert mich an diesem Thema:

Folgendes will ich in meiner Arbeit herausfinden:

3.3 Einen Arbeitsplan erstellen

Eine Seminararbeit ist ein langfristig angelegtes Projekt, vermutlich das Projekt mit dem größten zeitlichen Umfang, an dem Sie bisher gearbeitet haben. Ebendeshalb neigt man dazu, zu spät zu beginnen und nicht konsequent genug zu arbeiten – und damit den Erfolg des Projekts grundsätzlich zu gefährden. Um diesen Fehler zu vermeiden, sollten Sie Ihre Arbeit frühzeitig einteilen und genau organisieren: Planen Sie Ihren Weg!

„Meilensteine"

1 Machen Sie sich Gedanken über die „Meilensteine", die Sie bis zur Fertigstellung der Seminararbeit hinter sich bringen müssen. Ergänzen Sie die folgenden Punkte evtl. durch eigene Notizen.

1. Meilenstein: Themenfindung/Themenformulierung (→ S. 12 f.)

____

2. Meilenstein: Erstellung eines Arbeitsplans (→ S. 20 f.)

____

3. Meilenstein: Recherche / Erstellung einer Bibliografie (→ S. 22–31)

____

4. Meilenstein: evtl. Konzeption und Durchführung und Auswertung der Umfragen/Interviews (→ S. 33 ff., 47 f.)

____

5. Meilenstein: Abgabe des Exposés (→ S. 50)

____

6. Meilenstein: Erstellen eines Gliederungsentwurfs (→ S. 51)

____

7. Meilenstein: Abfassen eines Probekapitels (→ S. 54 ff.)

____

8. Meilenstein: Abfassen der Arbeit (→ S. 57–65)

____

9. Meilenstein: Überarbeitung der Arbeit (→ S. 67 f.)

____

10. Meilenstein: Abgabe der Arbeit (→ S. 69 f.)

____

11. Meilenstein: Präsentation (→ S. 71–79)

____

Sobald Sie ein Seminararbeitsthema haben, müssen Sie Ihre Arbeit zeitlich organisieren. Dafür empfiehlt sich die Anlage eines Kalenders, der den gesamten Arbeitszeitraum abdeckt.

2 **a** Notieren Sie in dem Kalender in der Spalte „Termine“ alle Termine, die von außen gesetzt sind und somit feststehen.
b Ergänzen Sie in der Spalte „Termine“ die „Meilensteine“, die Sie bei der Erstellung Ihrer Seminararbeit hinter sich bringen müssen, und ordnen Sie ihnen in der Spalte „Vorhaben“ die „Arbeitspakete“ zu, die in diesem Zeitraum zu erledigen sind.
c Sprechen Sie mit Ihrer Seminarfachlehrerin bzw. Ihrem Seminarfachlehrer ab, ob Sie den Arbeitsaufwand realistisch eingeschätzt haben, und überarbeiten Sie Ihre Planung gegebenenfalls.

	Datum	Termine	Vorhaben	Status
11/1	Januar/ Februar			
11/2	März/ April			
	Mai/ Juni			
	Juli			
12/1	September – Dezember			
	Januar/ Februar			

Einen Wochenplan erstellen

Behalten Sie Ihren Zeitplan im Blick und planen Sie bei Verschiebungen neu. Konkretisieren Sie Ihren Plan, sobald Sie vor einem neuen „Arbeitspaket" stehen. Legen Sie zu diesem Zweck auch Monats- und Wochenpläne an.

Wochenplan vom …

	Montag	Dienstag	Mittwoch	Donnerstag	Freitag	Samstag	Sonntag
8.00	Schule	Schule	Schule Matheklausur	Schule	Schule		
9.00							
10.00						Shoppen mit Dirk	
11.00							
12.00							
13.00							
14.00							
15.00							
16.00	Hausaufgaben	Seminar- arbeit Unibibliothek: Recherche		Hausaufgaben	Hausaufgaben	Seminar- arbeit: Bibliografie erstellen	
17.00	Arbeit		Hausaufgaben	Arbeit			
18.00		Hausaufgaben	Seminararbeit Bücherei				
19.00			Sport		Sport		
20.00	Mathe lernen für Klausur	Mathe lernen für Klausur		Seminar- arbeit: Bücher sichten		Party bei Caro	
21.00		TV gucken	evtl. noch zu Dirk				
22.00							

!

TIPP: So gehen Sie mit der eigenen Arbeitszeit sorgsam um

- Halten Sie Ihre Pläne und Zielsetzungen schriftlich fest. Entwerfen Sie zunächst ein grobes Zeitraster (→ S. 20) und verfeinern Sie dieses, wenn Sie sich dem jeweiligen Arbeitspensum nähern. Erstellen Sie Wochen- und Tagespläne.
- Nehmen Sie sich pro Tag nur eine realistische Arbeitsportion vor. Probieren Sie aus, wie viel Zeit Sie regelmäßig – nicht nur in längeren Arbeitsabschnitten – dafür aufbringen können. Denken Sie dabei auch an andere Verpflichtungen schulischer oder privater Art.
- Verteilen Sie die zu erledigenden Aufgaben gleichmäßig über die gesamte Zeit.
- Arbeiten Sie entweder täglich oder an festgelegten Wochentagen. Legen Sie für die Arbeit eine exakte Zeit fest. NUR in dieser Zeit – also nicht später oder länger – dürfen Sie arbeiten.
- Planen Sie Pufferzeiten für Unvorhergesehenes ein.

4 Informationen beschaffen

Wir leben in einer Informationsgesellschaft. Fernsehen, Radio und Printmedien informieren jeden Tag über unzählige Ereignisse, die aus einer noch viel größeren Zahl von Meldungen der Nachrichtenagenturen herausgefiltert werden. Die Fähigkeit, mit einer solchen Vielzahl von Informationen zielgerichtet umzugehen, ist eine Voraussetzung für ein erfolgreiches Studium und stellt eine zentrale berufliche Schlüsselqualifikation dar. Im Folgenden geht es darum, wie Sie Internet, Bibliotheken und Archive nutzen können. Außerdem lernen Sie empirische Methoden der Informationsbeschaffung kennen.

4.1 Allgemeine Suchstrategien

1 Legen Sie sich für die Seminararbeit eine Arbeitsmappe (Schnellhefter, Ordner usw.) an und sammeln Sie darin alle Unterlagen, die Sie für die Abfassung Ihrer Arbeit später verwenden wollen.

! **TIPP: Die Materialien sammeln**

- Legen Sie sich einen Ordner im PC an, damit alle mit der Seminararbeit zusammenhängenden Informationen an einem Ort gesammelt sind.
- Sammeln Sie Ihre Unterlagen materiell in einem Schnellhefter o.Ä., wenn Sie lieber (auch) mit Papier arbeiten. Außerdem sichern Sie so Informationen vor elektronischen Datenverlusten.

Nachdem Sie Überblicksinformationen über Ihr Rahmenthema erarbeitet haben (→ Kap. 1), verfügen Sie über eine Reihe von Fachbegriffen und Namen von Autorinnen und Autoren, anhand derer Sie Ihre weitere Informationssuche zu Ihrer Seminararbeit strukturieren können. Sie haben außerdem Fragen formuliert, die Sie mit Ihrer Arbeit beantworten wollen (→ S. 17, Aufg. 2) und die somit die Zielvorgabe für Ihre Informationssuche bilden.
Eine einmalige Literatursuche reicht in der Regel nicht aus. Vielmehr handelt es sich um einen spiralförmigen Prozess, bei dem neue Informationen auch zur Verfeinerung der Suche führen. Möglicherweise ändert sich durch weitere Erkenntnisse sogar Ihre Fragestellung.
Grundsätzlich gilt, dass Sie immer vom Allgemeinen zum Besonderen suchen sollten. So informieren Sie sich zunächst über Ihr Thema mittels Tertiärliteratur, wobei Sie zuerst Lexika, dann Fachlexika und zuletzt spezielle Handbücher zu Rate ziehen. Anschließend wenden Sie sich der Sekundärliteratur zu und betrachten zunächst überblicksartige Darstellungen und danach Forschungen zu einem einzelnen Phänomen.
Die folgenden Hinweise sind vor allem im Hinblick auf solche Themen von Bedeutung, die – anders als rein empirische Themenstellungen – vorrangig mittels literaturanalytischer und interpretativer Verfahren erarbeitet werden.

2 Formulieren Sie auf einem gesonderten Blatt Stichworte für Ihre Recherche.

Die systematische Suche

Unter der **systematischen Suche** versteht man die planmäßige Durchforstung von Bibliotheken, Archiven, dem Internet und anderen Orten, die Informationen bereithalten, nach zuvor festgelegten Kriterien, z. B. bestimmten Suchbegriffen.

3 Suchen Sie zu Ihren in Aufgabe 2 erarbeiteten Suchbegriffen Informationen. Gehen Sie so vor:
- Legen Sie – am besten am PC – die folgende Tabelle an.
- Tragen Sie in die Tabelle ein, mit welchen Suchbegriffen Sie an welchen Orten fündig wurden.
- Verweisen Sie dazu in der entsprechenden Spalte auf den Titel des gefundenen Textes und notieren Sie den Fundort (Signatur bzw. ausführliche Internetadresse).

Suchbegriffe	Lexikon (Titel)	Internet (Adresse)	Schulbücherei (Titel, Signatur)	Stadtbücherei (Titel, Signatur)	Uni-Bücherei (Titel, Signatur)	...
Suchbegriff 1						
Suchbegriff 2						
...						

Suche nach dem Schneeballsystem

Bei der **Suche nach dem Schneeballsystem** legt man einen oder mehrere Literaturquellen als Ausgangspunkte fest, von deren Hinweisen und Literaturangaben aus man weitersucht. Neue Literatur und andere Informationsquellen lagern sich auf diese Weise um den „Suchkern" an, sodass man zugleich die Bezüge innerhalb der Forschung klärt. Dies veranschaulicht das unten stehende **Recherchediagramm.**

Damit das Schneeballsystem funktioniert, muss der Ausgangstext bestimmte Qualitätskriterien erfüllen:
- Es sollte sich um ein anerkanntes Basiswerk handeln.
- Der Text sollte möglichst aktuell sein.

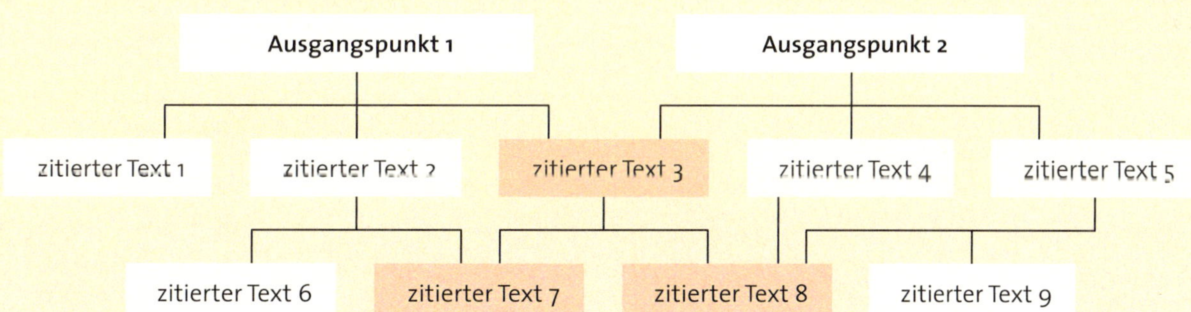

4 Erproben Sie die Anlage eines Recherchediagramms für Ihre Seminararbeit. Gehen Sie wie folgt vor:
- Wählen Sie zwei Bücher zu Ihrem Thema als Ausgangspunkte und notieren Sie die Titel auf einem separaten Blatt.
- Wählen Sie aus den Literaturquellen dieser beiden Bücher insgesamt etwa sechs zu Ihrem Thema passende Titel.
- Wählen Sie aus den Literaturquellen in den von Ihnen zuletzt notierten Titeln weitere zum Thema passende Texte.
- Erstellen Sie ein Recherchediagramm, das Bezüge innerhalb der Forschung zeigt, und markieren Sie gegebenenfalls Standardtitel.

4.2 Bibliotheken nutzen

Trotz einer zunehmenden Verlagerung von Informationen auf die elektronischen Speichermedien und das Internet bleiben Bücher die wichtigste Quelle für eine (geistes-)wissenschaftlich orientierte Arbeit. In Bibliotheken werden unterschiedliche Formen von Texten aufbewahrt:

- Eine **Monografie** ist eine umfassende, in sich vollständige und abgeschlossene wissenschaftliche Abhandlung über einen Gegenstand. Sie hat einen Autor (ggf. mehrere Autoren), jedoch keinen Herausgeber.
- In einem **Sammelband** werden **Aufsätze** von einem Autor oder mehreren Autoren zu bestimmten Themen versammelt. Der gesamte Sammelband hat darüber hinaus einen Herausgeber.
- In wissenschaftlichen **Zeitschriften,** die einmal oder mehrmals pro Jahr erscheinen, stehen Aufsätze einzelner Autoren.

! **TIPP: Bibliotheken nutzen**

Kümmern Sie sich rechtzeitig um die Infrastruktur (Ausleihausweis, Anfahrt). In der Bibliothek stehen Ihnen Bibliothekare als Ansprechpartner zur Verfügung. Es gibt auch Führungen für Anfänger.
Weitere Informationen zur Nutzung von Bibliotheken finden Sie unter:
www.schulmediothek.de
www.informationskompetenz.de/regionen/bayern/kontakt-fuer-schulen/
www.informationskompetenz.de

1 Informieren Sie sich über Bibliotheken in Ihrer Nähe und füllen Sie die Übersichtstabelle aus.

	Ort	Öffnungszeiten	Verkehrsmittel
Schulbücherei			
kommunale Bücherei (Stadtbücherei usw.)			
private öffentliche Bücherei (Vereinsbücherei usw.)			
Universitäts- oder Fachhochschulbibliothek			

2 Überlegen Sie sich, welche Informationen (Überblicke, Erläuterungen von Fachbegriffen, ausführliche Sachinformationen, Hinweise auf weitere Informationsquellen) Sie in welcher Art von Bücherei gezielt suchen können. Notieren Sie Ihre Überlegungen in der rechten Spalte der folgenden Tabelle.

Abteilung	Nutzungsmöglichkeit	Bestand	Rechercheplanung
Präsenzbibliothek	Man kann die Bücher aus den Regalen nehmen und in einem Lesesaal der Bibliothek einsehen. Wichtige Stellen kann man exzerpieren (→ S. 40) oder kopieren.	Zeitschriften, Lexika, Enzyklopädien, wichtige Standard- und Lehrwerke, Bibliografien	
Ausleihbibliothek	Bücher können – meist gegen Mitgliedschaft oder Jahresgebühr – für eine gewisse Zeit ausgeliehen und mit nach Hause genommen werden.	spezielle Titel zu verschiedenen Sachgebieten	

! **Verfasserkatalog, Schlagwortkatalog und elektronischer Katalog**

Bis in die 90er-Jahre des 20. Jahrhunderts wurden Publikationen mit Hilfe von Karteikartenkatalogen zugänglich gemacht. Erst danach begannen die Bibliotheken mit der elektronischen Verschlagwortung von Titeln. Daher ist ältere Literatur nicht zuverlässig elektronisch auffindbar.

Man unterscheidet den **Verfasserkatalog** und den **systematischen Katalog/Schlagwortkatalog:**

- **Verfasserkatalog:** Im Verfasserkatalog sind die Autorinnen und Autoren in alphabetischer Reihenfolge zusammengestellt. Wenn Sie einen Autor/eine Autorin nachschlagen, finden Sie alle von ihm bzw. ihr verfassten Werke, die in der jeweiligen Bibliothek verfügbar sind.
- **systematischer Katalog/Schlagwortkatalog:** Hier sind Fachbereiche und ihre jeweiligen Unterabteilungen nach Sachbereichen erfasst, die mit sogenannten „Schlagwörtern" benannt sind. Im Gegensatz zur Internetrecherche ist ein Schlagwort nicht jedes beliebige in einem Text auftretende Wort, sondern ein von Bibliothekaren vergebener Begriff, der Publikationen nach den mit diesen Schlagwörtern benannten Sachgebieten ordnet.

Verschaffen Sie sich einen Überblick über die Verschlagwortung der jeweiligen Bibliothek, indem Sie bei bereits gefundenen relevanten Titeln diejenigen **Schlagwörter** zusammenstellen, mit denen diese Publikation im Katalog versehen wurde.

Eine weitere Möglichkeit ist die Suche nach dem **Titel-Stichwort.** Diese Form der Suche richtet sich darauf, bestimmte Elemente eines Buchtitels zu finden, und eignet sich vor allem dann, wenn Sie nach einem konkreten Buch suchen, von dem Ihnen der Titel ganz oder teilweise bekannt ist.

Elektronische Kataloge erlauben eine Vielzahl von möglichen Zugriffen auf den Bestand.
Sie ermöglichen z. B. die Suche nach:

- Titel-Stichwort
- Titelanfang
- Schlagwort
- Autor
- Erscheinungsort
- Erscheinungsjahr
- Verlag
- ISBN-Nr.

3 **a** Ergänzen Sie Ihre Stichworte für die Recherche (→ S. 22, Aufg. 2) mit einer Liste von Autorinnen und Autoren, die Ihnen bei der Suche nützlich sein könnten.
b Notieren Sie neben den von Ihnen formulierten Stichworten die in dem Bibliothekskatalog tatsächlich verwendeten Schlagwörter.

! **Suche mit Trunkierungen**

Beim **Trunkieren** werden der Wortstamm des Suchbegriffs und ein Trunkierungszeichen (diese Zeichen variieren von Bibliothek zu Bibliothek) eingegeben, das mögliche Wortendungen erfasst.
Die Suche mit Trunkierungen eignet sich vor allem dann, wenn Sie verschiedene grammatische Formen des gewählten Begriffs in die Suche einbeziehen wollen. Zum Beispiel erfasst *Literaturkrit** die Suchbegriffe *Literaturkritik, literaturkritisch, Literaturkritiker, Literaturkritiken* usw.

4 Erproben Sie die Suche mit Trunkierungen an Begriffen aus dem Zusammenhang mit Ihrer Seminararbeit. Notieren Sie neu hinzugewonnene Aspekte.

! **Suche mit Indizes**

Ein **Index** ist eine Liste mit Begriffen, die den Suchbegriff ergänzen und differenzieren. Bei der Suche nach einem bestimmten Namen erscheinen beispielsweise im Index zum Autor ähnlich geschriebene Namen ebenso wie Autoren mit demselben Nachnamen, aber unterschiedlichen Vornamen.
Lohnend ist die Indexsuche vor allem bei der Suche nach Titel-Stichwörtern und Schlagwörtern.

Beispiel
Die Index-Suche nach dem Schlagwort *Literaturkritik* ergibt Einträge wie
Literaturkritik, Literaturkritik/Aufsatzsammlung, Literaturkritik/Bibel/Englisch/Geschichte usw.

5 Erproben Sie die Indexsuche mit einem Ihrer Suchbegriffe und notieren Sie die Einträge, die Ihnen bei der Recherche weiterhelfen könnten.

! **Bibliografien**

Wenn eine Arbeit bibliografisch vollständig sein muss, informieren **Bibliografien** darüber, welche Publikationen (Bücher, Zeitschriften) es zu bestimmten Themen oder Autoren gibt. In einer Bibliografie können Werke enthalten sein, die Ihnen bei Ihrer sonstigen Suche entgehen.

Es folgt eine Auswahl an Bibliografien für den Bereich der deutschen Sprach- und Literaturwissenschaft.

Bibliographie der deutschen Sprach- und Literaturwissenschaft. Hrsg. von Hanns W. Eppelsheimer. Bearbeitet von Clemens Köttelwesch. Frankfurt/M. 1957ff.
Der sogenannte Eppelsheimer-Köttelwesch ist die bedeutsamste Bibliografie innerhalb der deutschen Sprach- und Literaturwissenschaft und steht für die Jahre 1985–95 vollständig im Internet: http://www.bdsl-online.de.

Germanistik. Internationales Referatenorgan mit bibliographischen Hinweisen. Tübingen 1960ff.
Es handelt sich hierbei um eine Sammlung aller germanistischen Neuerscheinungen, nach Jahrgängen geordnet, oft mit kurzen Buchbesprechungen versehen.

MLA auf CD-ROM (= Modern Language Association of America: MLA international bibliography of books and articles on the modern languages and literatures. Norwood, Mass. u.a.).
Diese Bibliografie berücksichtigt internationale Titel und ist sehr aktuell, allerdings englischsprachig. Man kann online mit ihr arbeiten: http://www.mla.org/bibliography

6 Finden Sie in einer wissenschaftlichen Bibliothek heraus, ob es zu Ihrem Seminararbeitsthema oder einem seiner Unteraspekte eine Spezialbibliografie gibt, und notieren Sie deren Titel.

4.3 Das Internet nutzen

Vermutlich führt Ihr erster Weg für die Informationssuche ins Internet. Für die Seminararbeit ist das Internet aber in mancherlei Hinsicht mit Vorsicht zu genießen. Denn während Bücher und Zeitschriften meist aus seriösen Verlagen kommen, die über vielfältige fachliche Kontrollsysteme verfügen, sind die Informationen, die ins Internet eingestellt werden, oft ungeprüft und nicht verlässlich.
Die nahezu unangefochten führende Suchmaschine im Netz ist „google“ unter www.google.de. Daneben gibt es eine Vielzahl anderer Suchmaschinen, z. B. www.lycos.de, www.yahoo.de, www.altavista.de.
Die Seite www.klug-suchen.de stellt Suchmaschinen und Kataloge zusammen, die den Inhalt des Internets unter spezifischen Gesichtspunkten filtern, z. B. werden spezielle Suchmaschinen für den schulischen und wissenschaftlichen Bereich aufgeführt.

Suchmaschinen machen das im unhierarchisch aufgebauten Internet verfügbare Wissen verfügbar. Zu diesem Zweck ordnen Sie die verschiedenen Internetseiten in eine Reihenfolge. Dieses Ranking wird nach unterschiedlichen Kriterien festgelegt, die zeigen, dass über die Qualität einer Seite rein formale Kriterien entscheiden:

- **„on-page-Faktoren“:** Hier handelt es sich um Informationen auf der Seite selbst, z. B. die Häufigkeit eines Suchbegriffs in einem Dokument, das Vorkommen des Suchbegriffs in Überschriften und Titeln, die Benennung der Internetadresse.
- **„off-page-Faktoren“:** Damit ist vor allem die Verlinkung der Seite gemeint: Wie oft ist die Seite von anderen – ebenfalls als qualitätvoll bewerteten – Seiten aus verlinkt, und zwar möglichst mit einem Link, der den eingegebenen Suchbegriff enthält?

1 Stellen Sie – auch im Austausch mit Ihren Mitschülerinnen und Mitschülern – eine Hitliste Ihrer besten fachspezifischen Internettipps zusammen.

! **TIPP: Internetsuche**

Da bei der Suche im Internet grundsätzlich jeder Begriff und jede Phrase funktioniert, sollten Sie spezifische Begriffe verwenden, um eine unüberblickbare Trefferzahl zu vermeiden.
Besonders empfehlenswert ist die **„Gänsefüßchen-Suche“** – sie entspricht der erweiterten Suche „mit der genauen Wortgruppe“ (→ S. 28). Setzen Sie eine gesuchte Phrase aus mehreren Begriffen in Anführungszeichen, so wird die Suchmaschine nur Seiten anzeigen, in denen genau diese vorkommt.

Beispiele
Treffer bei Google (2.1.2008, 18.44) für und-Kombination aus „Literatur“ und „Wertung“: 241 000
Treffer bei Google für Phrase (2.1.2008, 18.45) „literarische Wertung“: 4760

Variieren Sie, wenn Sie bei einer Suche nicht (oder zu) erfolgreich sind, Ihre Suchbegriffe durch

- Eingabe von Synonymen,
- Eingabe von Umschreibungen,
- Eingabe von Oberbegriffen,
- Eingabe von die Suche einengenden Begriffen.

Die meisten Suchmaschinen ermöglichen durch eine sogenannte „erweiterte Suche“ eine differenzierte Recherche:

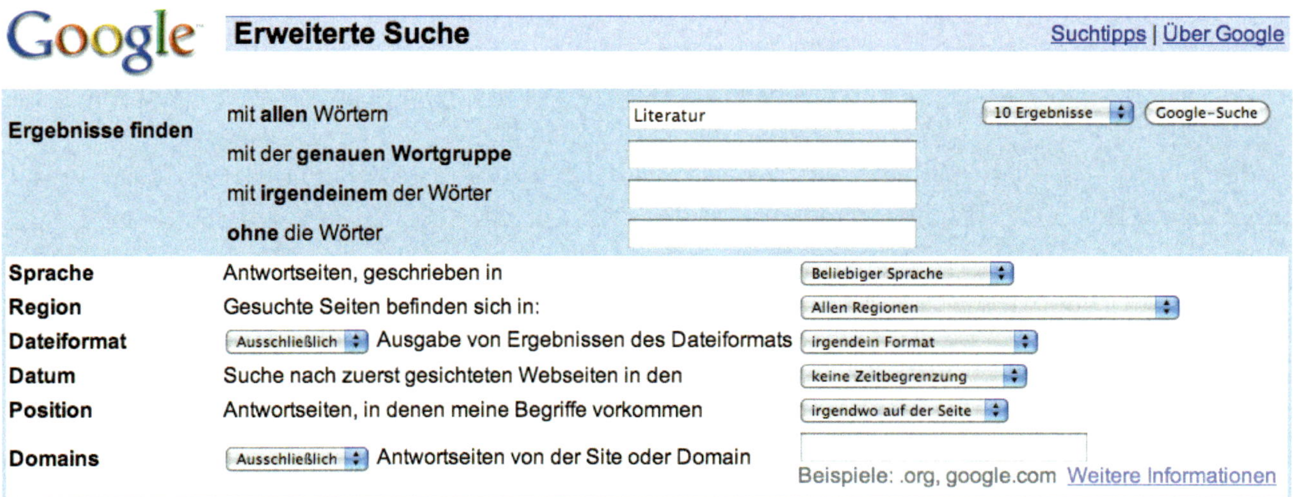

2 Erproben Sie die vorgestellten Suchmöglichkeiten mit einzelnen Suchbegriffen aus dem Zusammenhang mit Ihrer Seminararbeit.

3 Dokumentieren Sie, um doppelte Suchen zu verhindern, Ihre Suchbegriffe und die damit gefundenen verwendbaren Seiten. Sie können sich dabei an folgendem Muster orientieren:

Suchbegriff	sinnvolle Ergebnisse?		geeignete Seiten (Internetadresse)
	nein	ja	

! **TIPP: Lesezeichen**

Nutzen Sie im Internet die **Einrichtung des Lesezeichens.** Manche Browser bieten diese Möglichkeit an. Mit solchen Lesezeichen können Sie lange und komplizierte Internetadressen, die man sich kaum merken kann, schnell wiederfinden. Die Adressen bleiben so verfügbar. Beim „Netscape Navigator“ kann man z. B. auf das Icon „Communicator“ klicken und in einem Auswahlfenster „Lesezeichen“ und anschließend „Lesezeichen hinzufügen“ anklicken. Lässt man den Mauszeiger los, schließt sich das Fenster wieder. Möchte man später eine abgelegte Adresse zur Verfügung haben, muss man nur das Icon „Communicator“ anklicken. Mit einem einfachen Mausklick ist man dann ganz schnell wieder auf der gewünschten Seite. Die Adresse muss nicht mehr eigens eingegeben werden. (Beim „Internet-Explorer“ ist dieselbe Funktion unter „Favoriten“ zu finden.)

Seminararbeiten im Internet

Im Internet kann man auch ganze Referate und Seminararbeiten finden, z. B. bei folgenden Adressen: www.hausarbeiten.de; www.fundus.org; www.abipur.de; www.young.de. Oft sind solche Sammlungen kostenpflichtig und Sie kaufen – trotz Leseprobe und vorgeblicher Benotung – die Katze im Sack. Dennoch kann man auch solche Services benutzen, um sich anregen zu lassen. Allerdings nicht, um abzuschreiben! Seminararbeiten anderer Schüler sind grundsätzlich und außer in besonderen Ausnahmefällen für eine wissenschaftlich orientierte Arbeit als Sekundärinformation nicht zitabel.
Achtung: Gedanken und Formulierungen, die unnachgewiesen übernommen werden, machen Ihre Arbeit zu einem Plagiat, das mit Ungenügend bewertet werden muss.

Prüfkriterien für Internetseiten

Da jedermann eine Internetseite veröffentlichen darf, sind deren Inhalte – anders als bei Werken aus wissenschaftlichen Verlagen, die eine umfangreiche Qualitätssicherung durchlaufen haben – grundsätzlich zunächst nicht vertrauenswürdig. Die Inhalte müssen deshalb sorgfältig geprüft werden.

! **Checkliste für Internetseiten**

Prüfkriterien vor der Lektüre:

- Ist die Seite seriös?
  Ohne weitere Bedenken dürfen Informationen von Seiten offizieller und anerkannter Einrichtungen verwendet werden (Seiten von Ministerien, Forschungseinrichtungen, Universitäten, überregionalen Tageszeitungen und wissenschaftlichen Publikationen).
  Nur unter Vorbehalt zu verwenden sind Seiten von Privatleuten. Wikipedia-Einträge müssen immer geprüft werden – zunächst auf der Seite selbst (Diskussionsseite, Zeichen von Vandalismus), später durch Vergleich mit (mindestens zwei) anderen Seiten oder am besten einem gedruckten Fachbuch.
  Überhaupt nicht zu benutzen sind Einträge in Foren. Diese Informationen haben so wenig Wert wie Gespräche auf dem Schulhof: Sie können stimmen, aber niemand kann für ihren Gehalt garantieren.
- Ist die Seite aktuell?
- Gibt es ein Impressum, in dem sich der Autor / die Autorin zu erkennen gibt?
- Gibt es ein Quellenverzeichnis?

Prüfkriterien während der Lektüre:

- Werden grundlegende Standards eingehalten?
  Prüfen Sie die Seiten auf Minimalanforderungen wie Rechtschreibung, Zeichensetzung, Übersichtlichkeit und die Nennung eines Verfassers. Werden Standards wissenschaftlichen Arbeitens eingehalten?
- Entspricht die Information sachlich der Wahrheit?
  Dafür braucht man selbst ausreichende Kenntnisse oder man muss auf eine (gedruckte) Autorität zurückgreifen und die Seite mit anderen Texten zum selben Thema vergleichen.
- Wird logisch und redlich argumentiert?
  Prüfen Sie die Beachtung üblicher Argumentationsmuster (Behauptung, Begründung, Beispiel, Klassifikation von Argumenten) und den Verzicht auf rhetorisch manipulative Mittel (Auf- und Abwertung usw.).

1 Wenden Sie die Prüfkriterien bei den von Ihnen gefundenen Texten aus dem Internet an.

4.4 Die Informationsbeschaffung dokumentieren

Rechercheprotokoll

Mit dem Rechercheprotokoll beschreiben Sie, wie Sie gesucht haben. Sie können auf diese Weise Ihre Suchverfahren systematisieren, doppelte Suchen vermeiden und gegenüber Ihrer Seminarfachlehrerin oder Ihrem Seminarfachlehrer Ihren Rechercheaufwand dokumentieren. Legen Sie die Struktur des Protokolls vorher fest, um während der Arbeit hinderliche „Systemwechsel" zu vermeiden. Die Anlage und Verwaltung des Rechercheprotokolls am PC ist sinnvoll.

1 Erproben Sie das folgende Rechercheprotokoll. Legen Sie es – eventuell an Ihre Bedürfnisse angepasst – am PC an.

Suchorte	Informations-ressource (genauer Titel, z.B. OPAC, google)	Suchbegriff(e)	Titel/ ggf. Quellen-protokoll-Nr.	Bewertung
allg. Lexika				
Fachlexika				
Bibliothekskatalog				
Bibliografie				
Internet				

Quellenprotokoll

Mit dem Quellenprotokoll können Sie den ersten Leseeindruck des Textes zielgerichtet festhalten.

1 **a** Legen Sie zu den für Sie wichtigsten Texten, die Sie in einem Buch, im Internet oder anderswo gefunden haben, ein Quellenprotokoll an. Sie können die folgende Übersicht entweder mehrmals kopieren, damit Sie die Blätter in Ihrer Arbeitsmappe ablegen können, oder Sie legen ein Protokoll in ähnlicher Form im PC an.
b Füllen Sie das unten stehende Quellenprotokoll für einen Text beispielhaft aus.

Tipp: Weitere Hinweise zum Ausfüllen eines Quellenprotokolls finden Sie in dem Merkkasten „Querlesen" auf S. 36.

laufende Nummer	*Suchthema*
Autor (Name, Vorname)	*Notizen zum Inhalt*
Titel	
in (Zeitschrift, Sammelband)	
Ort, Jahr	*Zusammenhang mit folgendem Aspekt des Themas*
(evtl.) Seiten	
Signatur	
oder: Internetadresse	*Wertung*
Datum des Aufrufs (Internet)	

Kommentierte Bibliografie

Es ist möglich, dass von Ihnen zum Abschluss der Recherche eine kommentierte Bibliografie verlangt wird. Dafür können Sie gut auf die Vorarbeiten in den Quellenprotokollen zurückgreifen. Eine kommentierte Bibliografie ist eine Zusammenstellung einschlägiger Untersuchungen zu Ihrem Thema. Sie enthält

1. die **korrekten bibliografischen Angaben** (→ S. 62),
2. einen **knappen Kommentar** zur Qualität und Brauchbarkeit des Textes, z. B. „viel zitiertes Standardwerk, inzwischen jedoch etwas veraltet, Überarbeitungsbedarf v. a. in methodischer Hinsicht".

4.5 Empirisches Material analysieren

Nicht immer ist das Material, das die Basis Ihrer Untersuchungen im Rahmen der Seminararbeit bilden soll, bereits veröffentlicht, zusammengestellt und ausgewertet. Wenn Sie sich für ein solches Thema entschieden haben, müssen Sie selbst als Forscher tätig werden. Entweder gibt es in Archiven unveröffentlichtes Material zu Ihrem Thema oder seinen Unteraspekten oder Sie müssen sich Ihre Datenbasis mittels Umfragen oder Interviews selbst schaffen.

Suche in Archiven

Im Rahmen der Seminararbeit werden nur solche Themen vergeben, die mit überschaubarem Aufwand bewältigt werden können. Die Benutzung von Archiven gehört jedoch durchaus zum Standard der schulischen Forschungsarbeit, sofern sich der zeitliche und organisatorische Aufwand in Grenzen hält. Meist geht es hier um Themen mit einem klaren lokalen oder einzelschulischen Bezug, zu denen Archive vor Ort Material enthalten.
Ein Archiv ist eine Einrichtung, die zu einem bestimmten Thema bzw. innerhalb eines bestimmten institutionellen Rahmens Quellenbestände aufbewahrt. Viele öffentliche Einrichtungen verfügen über ein Archiv, z.B. auch Ihre Schule. Im Schularchiv werden Schulstatistiken, Jahresberichte, aber auch Schülerdaten, Prüfungsarbeiten usw. für einen bestimmten, oft gesetzlich vorgeschriebenen Zeitraum aufbewahrt. Im Schularchiv finden Sie in der Regel auch Lektürelisten der verschiedenen Jahrgangsstufen. Diese Listen wären z.B. interessant, wenn sich Ihre Seminararbeit mit dem Wandel des schulischen Lesestoffes an Ihrem Gymnasium beschäftigt.
Ein Sonderfall des Archivs ist das Zeitungsarchiv. Diese Archive gibt es bei allen größeren Tageszeitungen. Sie umfassen alle Zeitungen des Verlags, die während eines bestimmten Zeitraums erschienen sind. Oft liegen diese Zeitungen nicht in Papierform vor, sondern als Mikrofilm oder elektronisch gespeichert.
In gut organisierten und verwalteten Archiven sind die dort aufbewahrten Gegenstände und Dokumente, die Archivalien, in sogenannten „Findbüchern" verzeichnet. Staatliche und kommunale Archive stehen Benutzern offen. Sie können an ein Archiv schriftliche Anfragen richten. Im Rahmen ihrer dienstlichen Auskunftstätigkeit werden die Archivare solche Anfragen beantworten. Überschreitet der Aufwand ein vertretbares Maß, so erhalten Sie von dem öffentlichen Archiv meist zumindest eine Auflistung der Bestände und Informationen zu ihrem Umfang und Erschließungszustand. Sie können das Archiv dann selbst benutzen und die entsprechenden Bestände einsehen. Die Benutzung erfolgt im Rahmen der Öffnungszeiten im Benutzersaal des Archivs und sollte vorher schriftlich angemeldet werden. Die Archivalien werden Ihnen vom Archivar ausgehändigt und können evtl. kopiert werden.

1 Überlegen Sie und informieren Sie sich, welche Archive Ihnen bei der Bearbeitung Ihres Seminararbeitsthemas nützen könnten. Notieren Sie sich gegebenenfalls Zugangsdaten wie Adresse, Internetadresse, Telefonverbindung, E-Mail, Öffnungszeiten.

Umfragen und Interview

Setzt die Fragestellung einer Seminararbeit die Verwendung empirisch gewonnener Daten voraus, können Sie Meinungsumfragen bzw. Statistiken von professionellen, gewerblichen oder staatlichen Meinungsforschungsinstituten heranziehen. Manche dieser Institute bieten Recherchemöglichkeiten in ihren Archiven an, auch online. Auf Anfrage machen viele Institute unveröffentlichte Ergebnisse für Forschungszwecke zugänglich.

Bekannte Meinungsforschungsinstitute sind:
Gesellschaft für Konsumforschung: www.gfk.de
Infratest Dimap: www.infratest-dimap.de
Gesellschaft für Sozialforschung und statistische Analysen mbH: www.forsa.de
Forschungsgruppe Wahlen e. V.: www.forschungsgruppe.de
Institut für angewandte Sozialwissenschaft: www.infas.de
Institut für Demoskopie Allensbach: www.ifd-allensbach.de
TNS Emnid: www.tns-emnid.com
Statistisches Bundesamt Deutschland: www.destatis.de

Manchmal ist es auch nötig, im Rahmen der Seminararbeit eigene Daten zu erheben. Den Zeitaufwand für solche Erhebungen sollte man nicht unterschätzen. Außerdem müssen die zugehörigen Methoden der Auswertung (→ S. 47 f.) beherrscht werden.
Man unterscheidet grundsätzlich **Umfragen,** die mit geschlossenen, immer gleichen Formularen durchgeführt werden, von offeneren Formen wie z. B. dem **Interview.**
Umfragen mit geschlossenen Fragen lassen keine eigenen Formulierungen der Befragten zu, sondern geben jeweils verschiedene Antwortmöglichkeiten vor. Formen der geschlossenen Fragen sind u. a.:
- Alternativfragen, die nur die Antworten „Ja" oder „Nein" zulassen,
- Multiple-Choice-Fragen, die den Befragten die Möglichkeit geben, aus einer bestimmten Anzahl von Möglichkeiten eine für sie passende Antwort auszuwählen,
- Skalierungen, die den Befragten die Gelegenheit geben, in einem vorgegebenen Spektrum von Antwortmöglichkeiten – z. B. im Spektrum zwischen „völlig unannehmbar" und „einverstanden" – ein Kreuz zu machen.

! **Umfragen**

Eine Umfrage muss bestimmte Aspekte berücksichtigen:

- **Die Umfrage muss repräsentativ sein.**
  Repräsentativ ist eine Umfrage dann, wenn sie mit einer zureichenden Zahl von Probanden durchgeführt wird. Als Untergrenze gelten dabei 100 Teilnehmer. Ein zweiter Gesichtspunkt ist die Auswahl der Befragten. Bei einer Umfrage zum Leseverhalten Jugendlicher ist z. B. die Befragung der Eltern sinnlos.
- **Die Umfrage darf die Befragten nicht manipulieren.**
  Fragen müssen neutral formuliert sein. Erkennbare Wertungen dürfen nicht enthalten sein, Verneinungen in der Fragestellung sollten vermieden werden.
- **Eine Umfrage muss bestimmten Datenschutzregeln genügen.**
  Umfragen sollten grundsätzlich anonym stattfinden. Der Befragte muss darüber informiert werden, in welchem Zusammenhang und für welchen Zweck er von wem befragt wird. Die Teilnahme muss freiwillig sein.
- **Umfragen müssen valide sein.**
  Mit Validität ist gemeint, dass das Umfrageinstrument auch tatsächlich das misst, was es messen soll. Errät der Befragte, was der Fragende hören möchte, wird die Antwort verzerrt. Manche Fragen sind nicht trennscharf und genau genug gestellt und erfragen nicht das, was gefragt werden soll.
- **Umfragen müssen objektiv sein.**
  Die Erhebung der Daten muss unabhängig vom Beobachter sein. Der Durchführende darf durch keinerlei schriftliche, mündliche oder nonverbale Mitteilung seine eigene Meinung kundtun.
- **Umfragen müssen reliabel sein.**
  Reliabilität bedeutet, dass sich das Umfrageergebnis unter ähnlichen Umständen wiederholen lässt.

1 Beurteilen Sie die folgende Umfrage mit Hilfe der auf S. 33 vorgestellten Qualitätskriterien.

____

____

Thema: Lesegewohnheiten von Jungen und Mädchen der 5. und 6. Jahrgangsstufe und ein Konzept zur Leseförderung am Beispiel des XY-Gymnasiums
Befragt wurden die Klassen 5 a (33 Schüler, 15 Jungen, 18 Mädchen), 5 b (27 Schüler, 7 Jungen, 20 Mädchen), 6 a (30 Schüler, 8 Jungen, 22 Mädchen) und 6 b (28 Schüler, 13 Jungen, 15 Mädchen)

Name: ______________________

Klasse: ______________________

Jahrgang: ______________________

Geschlecht: ______________________

Wir wollen mit dieser Umfrage herausfinden, ob Schüler in der 5. und 6. Klasse wirklich so wenig lesen, wie immer alle sagen, und ob Jungen noch weniger lesen als Mädchen. Wenn du den Bogen ausgefüllt hast, gib ihn bitte beim Klassensprecher ab. Bitte fülle den Bogen wahrheitsgemäß aus.

1. Wie oft in der Woche benutzt du folgende Medien?

	täglich	3- bis 4-mal pro Woche	1- bis 2-mal pro Woche	seltener
Buch				
Zeitschrift				
Radio				
CD/MP3				
Video/DVD				
Fernseher				
Playstation o.Ä.				
Computer				

2. Wie viele Minuten verbringst du pro Tag mit den folgenden Medien?

	0–30	30–60	60–90	90–120	120–150	150–180	mehr
Buch							
Zeitschrift							
Radio							
CD/MP3							
Video/DVD							
Fernseher							
Playstation o.Ä.							
Computer							

3. Welche Bücher liest du gerne?

Abenteuergeschichten		**Schulgeschichten**	
Krimis		**Fantasy**	
Tierbücher		**Sciencefiction**	
Liebesgeschichten		**andere**	
Problembücher			

! **Interviews**

Interviews sind dann sinnvoll, wenn es nicht vornehmlich um quantitative Befunde geht, sondern um die Erlebnisse und Einschätzungen einzelner Menschen, etwa als Zeitzeugen. Ziel der Befragung sind dann nicht Zahlen, sondern Erlebnisse, die als symptomatisch gelten können.

Interviews müssen gut vorbereitet werden:
- Bereiten Sie Ihre entscheidenden Fragen vor.
- Formulieren Sie die Fragen und bringen Sie sie in eine geeignete Reihenfolge. Beginnen Sie mit Aufwärmfragen, stellen Sie emotional oder intellektuell anspruchsvolle Fragen später.
  Achten Sie darauf, Fragen so zu formulieren, dass Antworten ergiebig sind und nicht „Ja" oder „Nein" lauten können. Zu diesem Zweck eignen sich alle W-Fragen.
- Führen Sie mit dem Interviewpartner ein Vorgespräch (per Telefon, E-Mail). Besprechen Sie mit ihm, welche Fragen Sie stellen möchten, damit er sich darauf vorbereiten kann.
- Werten Sie das Interview zeitnah aus, damit Sie sich an Formulierungen und auffällige Kleinigkeiten noch erinnern.
- Holen Sie vor der Veröffentlichung die Zustimmung des Interviewpartners zu zitierten oder paraphrasierten Aussagen ein.

2 Notieren Sie Möglichkeiten, wie Sie ein Interview dokumentieren könnten.

5 Informationen auswerten

5.1 Lesestrategien für wissenschaftliche Texte

Lesen ist vor allem eine Frage der Übung. Wenn Sie viel lesen, wird Ihnen auch das Erschließen wissenschaftlicher Texte nicht besonders schwerfallen und Ihre Verstehensleistung intuitiv ablaufen. In dem Fall können Sie die nächsten Abschnitte überfliegen oder dann intensiver nutzen, wenn Ihnen ein Text wirklich einmal Schwierigkeiten bereitet.
Wenn Sie ein eher unerfahrener Leser sind, helfen Ihnen die folgenden Hinweise beim Erfassen wissenschaftlicher Texte.

! **Querlesen: Strategien zur Auswahl geeigneter Texte**

Wenn Sie mehrere Bücher aus der Bibliothek entleihen, brauchen Sie ein Verfahren, mit dem Sie schnell entscheiden können, ob ein Werk für Ihre Seminararbeit von Belang ist, ohne es ganz durchlesen zu müssen.

Stellen Sie zu diesem Zweck an das Buch bzw. an den Text folgende **Fragen:**
- Entsprechen Titel und Untertitel der Fragestellung?
- Ist der Autor bzw. die Autorin bekannt? Hat er/sie eine gute wissenschaftliche Reputation?
  Sie finden das heraus, indem Sie im Internet recherchieren, ob er/sie dort z. B. als Mitarbeiter/in einer wissenschaftlichen Einrichtung ausgewiesen ist. Hinweise liefert auch ein Recherchediagramm (→ S. 23), in dem der Name des Autors/der Autorin mehrfach auftaucht.
- Ist der Titel aktuell?
  Schauen Sie nach, ob Ihnen das Buch in seiner neuesten Auflage vorliegt und diese unverändert oder bearbeitet ist.
- Hat der Verlag einen guten Ruf? Handelt es sich um einen Fachverlag?
  Studieren Sie dazu das Verlagsprogramm oder ziehen Sie Ihr Rechercheprotokoll heran, wenn Sie darin auch Verlage notiert haben.
- Werden im Inhaltsverzeichnis für Ihre Seminararbeit relevante Themen behandelt?
  Untersuchen Sie, ob dort Begriffe stehen, die Sie aus Ihrer Recherche kennen und die möglicherweise in der Liste Ihrer Suchbegriffe enthalten sind.
- Werden im Literaturverzeichnis aktuelle Titel und Standardwerke genannt?
  Ziehen Sie dazu Ihr Rechercheprotokoll zu Rate.
- Entsprechen die im Vorwort, der Einleitung oder der Zusammenfassung genannten Ziele und Ergebnisse Ihrer Fragestellung?

Mit den Ergebnissen dieser Überprüfung ist es Ihnen möglich, einen Eintrag in Ihr Quellenprotokoll (→ S. 31) vorzunehmen.

1 Wählen Sie drei Bücher zu Ihrem Seminararbeitsthema aus und prüfen Sie, ob sie für Ihr Thema geeignet sind, indem Sie die oben genannten Fragen jeweils beantworten.

! **Fragen stellen**

Um sich Texten zu nähern, stellen Sie während des Lesens an den Text Fragen, die er Ihnen beantworten soll. Je besser Sie im Laufe des Arbeitsprozesses informiert sind, desto spezifischer werden Ihre Fragen.

Zu Beginn gibt es **drei Fragen,** die Sie im Zusammenhang mit der Seminararbeit an Ihren Text stellen sollten:
- Inwiefern hilft mir der Text bei meiner Fragestellung?
- Inwiefern hilft mir der Text bei meiner konkreten Problemstellung innerhalb des Themas?
- In welcher Beziehung steht der Text zu anderen Texten mit demselben Thema?

2 Der folgende Text liefert zum Thema „Muster der Unterhaltungsliteratur in Donna Leons ‚Commissario Brunetti'-Kriminalromanen" Informationen über Kriterien der Unterhaltungsliteratur.
Formulieren Sie zwei Fragen zu dem Thema und beantworten Sie diese in Ihren Unterlagen mit Hilfe des Textes.

1. ______________________________

2. ______________________________

Simone Winko **Besonderheiten der Wertung von Unterhaltungs- und Sachliteratur**

Zur ‚Unterhaltungsliteratur' werden gewöhnlich fiktionale Texte gezählt, mit denen Leser in erster Linie unterhalten werden sollen; als ‚Sach'- oder ‚Gebrauchsliteratur' werden meist nicht fiktionale Texte bezeichnet, die an verschiedene Zwecke gebunden sind. Sehr unterschiedliche Textsorten werden unter diesen Begriff gefasst, von reinen Informationstexten – etwa Gebrauchsanleitungen, informierenden Zeitungstexten – bis zu Texten mit mehreren Funktionen – etwa Essays, in denen informiert, kommentiert und ein Bildungsstandard dokumentiert wird, Werbetexten, die suggerieren, manipulieren und informieren sollen, oder auch Predigten, deren Aufgabe es ist, religiöse Inhalte an eine Hörergemeinde zu vermitteln und Orientierung zu bieten. Problematisch an dieser Abgrenzung von Literatur mit Kunstanspruch gegen Unterhaltungs-, aber auch gegen Sach- und Gebrauchsliteratur ist die oft implizite Voraussetzung, der Unterschied manifestiere sich grundsätzlich in den Texten selbst. Tatsächlich sind aber die Grenzen fließend, was vor allem dann deutlich wird, wenn man den Rezeptionsaspekt beachtet: Auch ein anerkannt ‚hochliterarischer' Text wie Robert Musils Roman „Der Mann ohne Eigenschaften" kann – zumindest über lange Passagen hin – als Sachtext gelesen werden, der über die historische Situation der untergehenden k. u. k. Monarchie oder über die Topografie Wiens zu Beginn des 20. Jahrhunderts informiert, und die sprachexperimentellen Gedichte Oskar Pastiors können Lesern in erster Linie zur Unterhaltung dienen. Umgekehrt können stark funktionsorientierte Texte wie Werbeanzeigen und Werbespots heute zur reinen Unterhaltung oder als ästhetische Gebilde rezipiert werden. Wenn wir hier dennoch an der Unterscheidung festhalten, so deshalb, weil sie im Sozialsystem Literatur tatsächlich vollzogen wird und sich auf die Wertung dieser Texte auswirken muss. Ist ein Text einmal der Rubrik ‚Unterhaltungsliteratur' oder ‚Sachliteratur' zugeordnet, kann man ihm mit Kriterien, die der bereits behandelten Literatur mit Kunstanspruch angemessen sein mögen, nicht gerecht werden.

knappe Definition

Beispiele für informierende Texte

Wo liegen nun die Unterschiede in der funktionalen Wertung ‚autonomer' und ‚heteronomer' Texte? Sie liegen, um es vorwegzunehmen, nicht im Verfahren des Wertens, sondern in den einzubeziehenden Kontexten. Zunächst haben wir [...] das Genre zu berücksichtigen, dem der zu bewertende Text zuzuordnen ist, um Anhaltspunkte für seine Funktionen und vermutlichen Intentionen zu bekommen. Hierbei handelt es sich offensichtlich um andere Traditionen und Genrekonventionen als bei Literatur mit Kunstanspruch: Spätestens seit Etablierung des Sozialsystems Literatur um 1800 und der Ausdifferenzierung des Literaturbegriffs sowie verschiedener ‚Höhenlagen' von Literatur ist mit eigenen Traditionen der Unterhaltungsliteratur zu rechnen, mit denen sich die Literaturwissenschaft nur zögernd befasst hat; Sachliteratur steht sogar – natürlich abhängig von der jeweiligen Textsorte – in noch älteren Traditionszusammenhängen. Diese für das Einzelbeispiel jeweils zu rekonstruierenden Genretraditionen wirken sich auch auf den zweiten Schritt aus, der für eine funktionale Wertung zu vollziehen ist: auf die Frage, mit welchen Mitteln die Funktionen bzw. Intentionen am geeignetsten einzulösen sind. Diese Frage nach den Konventionen der Produktion, nach der ‚Machart' der Texte führt bei Sach- und Unterhaltungstexten zu unterschiedlichen Ergebnissen. [...]

Unterhaltungsliteratur: Anders sieht die Lage für die Unterhaltungsliteratur aus: Zum einen sind deren Genrekonventionen (wenn auch noch längst nicht für alle Genres) besser erschlossen; zum anderen weisen die Texte zumindest über das Merkmal ‚Fiktionalität' Ähnlichkeiten mit dem Standardobjekt der Literaturwissenschaft, der ‚autonomen' Literatur, auf, sodass die Analyseverfahren übertragbar, wenn auch kontextuell zu modifizieren sind. Für die Frage nach der Machart des zu bewertenden Textes können wir zudem auf die Ergebnisse wirkungsbezogener Erzählforschung zurückgreifen, die wie die alte Rhetorik danach fragt, welche Stilmittel in welchem Rahmen welche Effekte hervorrufen können. Gemeint sind hier die Ergebnisse des ‚creative writing', einer Lehr- und Forschungsrichtung, die sich mit dem adäquaten Handwerkszeug des literarischen Schreibens befasst und besonders im angloamerikanischen Sprachraum Konjunktur hat. Dort hat ‚creative writing' seinen Platz im akademischen Lehrangebot, während es im deutschsprachigen Raum meist im Bereich der Volkshochschule angesiedelt ist. Tatsächlich wird aber unter der Fragestellung ‚Wie verfasse ich einen literarischen Text, der meine Absichten möglichst adäquat ausdrückt, und welche Mittel setze ich dazu ein?' Wissen um die handwerkliche Seite des Schreibens tradiert, die auch als Bedingung von ‚Literatur als Kunst' zu gelten hat, unter der Leitvorstellung der Autonomieästhetik aber (noch immer) selten thematisiert wird.

Renate von Heydebrandt, Simone Winko: Einführung in die Wertung von Literatur: Systematik – Geschichte – Legitimation. Paderborn u. a.: Schöningh 1996, S. 361ff.

! **Unklare Begriffe klären**

Klären Sie Ihnen unverständliche Fachbegriffe oder Fremdwörter. Dabei hilft möglicherweise das von Ihnen innerhalb des Rahmenthemas angelegte Glossar. Wenn nicht, definieren Sie den Begriff in der auf S. 9 beschriebenen Weise und erstellen Sie gegebenenfalls ein Glossar.

3 Setzen Sie das folgende Glossar für den Text von S. 37 f. in Ihren Unterlagen fort.

Unklare Begriffe	*Erklärung*
fiktionaler Text	*Texte, die Erdichtetes ohne die Grundlage einer tatsächlichen Begebenheit so präsentieren, als habe es sich ereignet*
…	…

! **Spuren im Text hinterlassen**

Lesen Sie Texte grundsätzlich mit Bleistift und **markieren** Sie Wichtiges. Der Textmarker verführt dazu, zu viel zu markieren, weil er nur das Hervorheben zulässt. Markieren Sie nicht mehr als ein Viertel des Textes. Markierungen bestehen nicht nur in **Unterstreichungen oder Unterkringelungen,** sondern auch in **Randbemerkungen.** Legen Sie sich für solche Randbemerkungen ein Zeichensystem zurecht oder systematisieren Sie ein bereits vorhandenes Verfahren (vgl. die folgende Übersicht).

4 Übertragen Sie die Tabelle in Ihr Kursheft und ergänzen Sie darin weitere Randbemerkungen mit einem passenden Markierungszeichen.

Funktion	Vorschlag für Markierungszeichen
Signalwörter, Kerngedanken	*Unterstreichung im Text*
Kernpassagen	*Anstreichen am Rand*
inhaltliche Hervorhebung: besonders gut, wichtig	

5 Versehen Sie den Text in Anlehnung an das vorgegebene Beispiel mit passenden Unterstreichungen und Randbemerkungen.

!

Ein Konspekt formulieren

Bei einem **Konspekt** handelt es sich um inhaltliche und funktionale Kürzestzusammenfassungen von einzelnen Abschnitten des Textes. Diese Zusammenfassungen sind zugleich eine Vorarbeit für das Exzerpt (→ S. 40).

6 Setzen Sie den für den Text auf S. 37 f. begonnenen Konspekt fort.

!

Den Überblick bewahren

Wenn Sie den Überblick über einen Text zu verlieren drohen, hilft es, sich seinen Aufbau zu verdeutlichen. Legen Sie bei übersichtlichen Texten eine **Mind-Map** oder eine **Treppe** (→ S. 6 ff.) an, die die Struktur des Textes visualisiert. Erstellen Sie bei schwierigeren Texten eine **Gliederung** (vgl. das Beispiel in Aufg. 7).

7 Vervollständigen Sie die folgende Gliederung zum Beispieltext von Simone Winko.

1 Begriffsdefinition
1.1 Begriffsklärung
1.2 Einschränkung der Gültigkeit wegen Grenzfällen, aber Festhalten an Abgrenzung

8 Fassen Sie den Inhalt des Textes von S. 37 f. in Ihren Unterlagen zusammen:
Geben Sie dazu den Inhalt entweder mit maximal zehn Prozent der Gesamtanzahl der Wörter wieder oder formulieren Sie die für Sie entscheidenden Kernaussagen des Textes in eigenen Worten.

5.2 Ein Exzerpt anfertigen

Wenn Sie die ersten Recherchen abgeschlossen, die Texte gelesen und Recherche- sowie Quellenprotokolle angefertigt haben, müssen Sie die Literatur auswählen, mit der Sie weiterarbeiten wollen. Da von einer Seminararbeit nicht erwartet wird, dass sie den Forschungsstand vollständig abbildet, können Sie sich hier auf eine kleinere Auswahl beschränken. Erkundigen Sie sich nach der Anzahl der von Ihnen verlangten Titel.

Die von Ihnen ausgewählten Texte sollten mindestens zwei der folgenden Kriterien erfüllen:
- Der Text ist aktuell.
- Der Text wird oft zitiert.
- Es handelt sich um ein Standardwerk.
- Der Text gilt als kontrovers.

1 Entscheiden Sie sich auf der Grundlage Ihrer Rechercheprotokolle und Recherchediagramme für etwa zehn besonders wichtige Texte.

! **Ein Exzerpt schreiben**

Ein **Exzerpt** ist die Zusammenfassung eines Textes in eigenen Worten, evtl. mit wörtlichen Übernahmen aus dem Text. Im Unterschied zum Rechercheprotokoll wird hier nicht nur der erste Leseeindruck notiert, sondern die relevanten Textstellen werden ausführlich und mit geeigneten Zitaten zur Weiterverarbeitung aufbereitet. Signaturen und andere Informationen aus dem Rechercheprotokoll können hier fehlen, wenn Sie sie dort vermerkt haben.

Man unterscheidet beim Exzerpieren zwei Formen:

- **Exzerpieren unter einer bestimmten Fragestellung:** Was sagt der Text zu einem bestimmten Problem? Hier genügen kurze Auszüge, evtl. Teilexzerpte. Da solche Teilexzerpte meist als Steinbruch für die eigene wissenschaftliche Arbeit dienen, ist die Aufnahme von wichtigen Zitaten im Wortlaut sehr sinnvoll. Vergessen Sie dann nicht die Angabe von Seitenzahlen.

- **Exzerpieren unter einer allgemeinen/globalen Fragestellung:** Was wird in diesem Text ausgesagt? Diese Art des Exzerpts ist vor allem bei der ersten Orientierung in einem neuen Themengebiet notwendig. Direkte Zitate sind deshalb weniger wichtig.

2 Setzen Sie das folgende Exzerpt für den Text von S. 37 f. fort.

Autor, Titel	Thema
Renate von Heydebrandt, Simone Winko: Einführung in die Wertung von Literatur: Systematik – Geschichte – Legitimation. Paderborn u. a. 1996. S. 361 ff. (hier: S. 37 f.)	

Seite	Zusammenfassung des Inhalts/Konspekt	Stichwort/Oberbegriff
37	– *Kurzdefinition der Textsorten „Sachtext" und „Unterhaltungstext"* – *Einräumen von Abgrenzungsproblemen, Vorführen an Beispielen* – *Festhalten an der Abgrenzung auf Grund der Tatsache, dass diese Gewohnheiten des Literatursystems sich auch auf die Wertung der eingeordneten Texte auswirken: „Wenn wir hier dennoch an der Unterscheidung festhalten, so deshalb, weil sie im Sozialsystem Literatur tatsächlich vollzogen wird und sich auf die Wertung dieser Texte auswirken muss. Ist ein Text einmal der Rubrik ‚Unterhaltungsliteratur' oder ‚Sachliteratur' zugeordnet, kann man ihm mit Kriterien, die der bereits behandelten Literatur mit Kunstanspruch angemessen sein mögen, nicht gerecht werden." (S. 37)*	*Zusammenhang Textsorte/Wertung*

Zusammenfassung und eigene Wertung

3 Fertigen Sie nach dem obigen Muster ein Exzerpt zu einem selbst gewählten Text aus dem Zusammenhang mit Ihrer Seminararbeit an.

5.3 Positionen vergleichen

Gibt Ihr Thema Anlass zu Kontroversen, sollten Sie diese in ihren Grundzügen darstellen und selbst Position beziehen. Geben Sie die wesentlichen Aspekte wieder, indem Sie beschreiben, worin der Meinungsunterschied genau liegt und wie er begründet wird. Häufig gehen diese Unterschiede auf fundamentale Abweichungen in den Grundbegriffen zurück. Solche Basisvoraussetzungen nennt man „Prämissen".

Am Beispiel zweier Rezensionen zu Jonathan Littells umstrittenem Roman „Die Wohlgesinnten" (deutsch 2008), in dem der Holocaust aus der Sicht eines Täters erzählt wird, soll gezeigt werden, wie Unterschiede in der Wertung dingfest gemacht werden und auf ihre Hintergründe untersucht werden können. Gesetzt sei, dass die Texte als Sekundärliteratur zur Frage nach der literarischen Qualität von Littells Romans gelesen werden.

Iris Radisch: **Am Anfang steht ein Missverständnis** (2008)

Jonathan Littells Buch „Die Wohlgesinnten" will uns erklären, warum die Mörder mordeten, aber versinkt in widerwärtigem Kitsch.

Warum gibt es so viel Aufregung über ein literarisch mittelmäßig bis dürftig geratenes, 1400 Seiten starkes Debüt eines bis vor Kurzem gänzlich unbekannten Autors? Die Antwort liegt auf der Hand. Das Buch ist eine strategische Provokation. Wäre dieses Buch einer der üblichen historischen Thriller, zu denen es seiner sprachlichen Ambition nach zu rechnen ist, wäre es bereits wieder in den Katakomben der Unterhaltungsliteratur verschwunden, Seite an Seite mit ungezählten anderen Wälzern voller splitternder Hirnschalen, ejakulierender Gehenkter, purpurroter Erwürgter und aufgeschlitzter Soldaten. Doch der jüdische Autor Jonathan Littell hat getan, was in der Tat noch niemand gewagt hat und was die Interpreten in Frankreich und in Deutschland verblüfft und herausfordert. Er spielt 1400 Seiten lang SS-Obersturmbannführer. Er beschreibt den NS-Täter nicht – das haben schon viele getan –, er erkundet, wie sich Täterschaft von innen anfühlt. Der detaillierte Bericht des nach Frankreich geflohenen SS-Mannes Dr. Max Aue über seine Jahrzehnte zurückliegenden Kriegserlebnisse füllt eine publizistische Lücke, die merkwürdigerweise noch niemandem aufgefallen war.

Diese Kühnheit hält die literarische Welt in Atem. Das Selbstporträt eines Mörders zu zeichnen, seine Kaltblütigkeit, seinen Amoralismus und seine Verwirrung in literarischer Stellvertreterschaft anzunehmen, ist ein Projekt von dostojewskijschem Format. Um es gleich zu sagen: Die ungewöhnliche Perspektive dieses ambitionierten Romans ist nicht das Problem. Sie ist im Gegenteil seine eminente Chance, dem Landser-Kitsch, dem Doku-Thriller und dem Edelporno zu entkommen, in die das Buch an vielen Stellen abzusinken droht. Das Problem ist auch nicht Dr. Max Aue, der Platon, Stendhal, Flaubert, Plutarch, Kant und Hegel lesende NS-Mörder, der mit seinen Opfern vor der Exekution zuweilen noch Altgriechisch zu parlieren pflegt. Einen solchen SS-Musterschüler mag es nicht gegeben haben, er mag auch gegen jede historische Wahrscheinlichkeit entworfen sein, doch ist historische Wahrscheinlichkeit kein Kriterium literarischer Beurteilung. Max Aue muss kein Mensch sein, den es so gegeben haben könnte. Dostojewskijs Mörder Raskolnikow ist das auch nicht. Beide sind eher ein Geisteszustand als Menschen aus Fleisch und Blut. Das ist kein Nachteil. Literatur ist im weitesten Sinn auch nur ein Geisteszustand. Sie hat große Freiheiten gegenüber der Geschichte. Das Problem dieses Romans liegt einzig darin, wie und zu welchem Endzweck Littell diese Freiheit nutzt. Das Problem liegt darin, dass Max Aue mitsamt seinem Geisteszustand 1400 Seiten lang den Nachlass des Nationalsozialismus poliert.

Das, darf man einwenden, ist auch nicht verwunderlich. Schließlich spricht hier ein zwar zu existenziellem Nihilismus neigender, enttäuschter, aber anhaltend unbekehrter und keineswegs selbstzerknirschter Nationalsozialist. Alle Widerwärtigkeiten, aller Kitsch, aller weltanschauliche Schwachsinn, die in diesem Buch in quälender Ausführlichkeit verbreitet werden, gehen auf sein Konto. Nicht auf Littells Konto. Das muss man ausdrücklich hervorheben, weil Autor und Figur sich immer wieder zwillingshaft zu vereinen scheinen. Viele Ausführungen Aues kehren in Littells Interviews wieder, und die beiden teilen offenbar zahlreiche Vorstellungen und Lieblingsautoren. Dennoch bleibt unklar: Was sollen wir mit dieser endlosen Rollenprosa eines überzeugten Nationalsozialisten und Rassisten?

Littell souffliert uns in seinen Interviews, die er in Frankreich gegeben hat, eine Antwort: Wir sollen während dieser mühsamen, häufig Ekel erregenden, noch häufiger einfach langweiligen Lektüre etwas über die tiefsten Motive der NS-Täter erfahren. Von Anfang an, sagt er in einem Gespräch mit dem französischen Historiker Pierre Nora, habe ihn „die Frage nach den Motiven der Leute, die töten, gefesselt. Viel mehr als die Opfer."

Das ist ein starkes Argument. Die tiefsten Motive der NS-Täter sind ein ungelöstes Geheimnis. Wenn das Versprechen, dieses Geheimnis zu lüften, in diesem endlosen Buch auch nur für Augenblicke eingelöst wird, dann wären in der Tat alle Mühen, alle Qual, die man mit diesem geschwätzigen Buch hat, nicht vergeblich gewesen. Dann wäre es aller literarischen Mängel zum Trotz ein großes Buch.

Die französische Kritik hat diese Frage bereits beantwortet. Sie behauptet, von vereinzelten Gegenstimmen abgesehen, Littell habe das Wunder vollbracht. Er habe die Untiefen der NS-Täterschaft ausgeleuchtet, er sei in den Sumpf gestiegen wie Dante in die Hölle und habe von dort kostbare Erkenntnisse ans Licht befördert. Er habe aus den Unmenschen Menschen gemacht, den Mördern ein Gesicht und eine Familiengeschichte gegeben, der europäischen Literatur die große Erzählung des 20. Jahrhunderts geliefert und so weiter. Diese Lesart ist von Jorge Semprún über Pierre Nora bis zum Literaturteil von Le Monde in Frankreich die dominierende. In dieser Lesart ist alles Misslungene des Romans – die Kolportage, der Kitsch, die Pornografie, das NS-Geschwätz – nichts als ein notwendiger Baustein zum Gelingen des Ganzen. Da nun das Buch am 23. Februar auch in Deutschland erscheint, wird man aus deutscher Sicht hinzufügen müssen: Von kostbaren Erkenntnissen kann keine Rede sein. Dieses Buch ist allenfalls eine Bibliotheksfantasie, ein gebildetes und größenwahnsinniges Spiel mit Unmengen von Archivmaterialien. Das wäre noch kein Schade. Viele Bücher spielen mit vorgefundenen Materialien, auch NS-Materialien. Der Hauptvorwurf, der in Frankreich erstaunlicherweise nicht erhoben wurde, geht jedoch darüber hinaus: Das Buch ist mehr als nur ein literarisches Spiel mit Dokumenten. Es ist eine verstörende Arbeit am nationalsozialistischen Mythos.

http://images.zeit.de/text/2008/08/L-Littell-Radisch. 08.06.2008

Klaus Theweleit: **Die jüdischen Zwillinge** (2008)

„Monsieur Coutard, gibt es Regeln beim Filmemachen?" „Non, Monsieur le directeur, die gibt es nicht", antwortet Kameramann Raoul Coutard auf die Frage des Regisseurs Jerzy in Jean-Luc Godards Film „Passion" (1980); ein Film am Anfang einer Serie von Godardfilmen, die so gut wie alle Regeln des Kinos brechen und damit noch einmal neu definieren, was „Film" sein kann oder hätte sein können – würde er nicht von lauter Regel-Erfüllern gemacht, die ihn umbringen.

„Gibt es Regeln in der Literatur, Frau Radisch?" „Aber ja", schallt die Antwort, „aber nur!", aus der „Zeit" wie aus manch anderem deutschen Feuilleton – einem Buch entgegen, dessen Ruf von Westen her über den Rhein gewaltig zu uns dringt; das überall entschieden besprochen ist, bevor der deutsche Verlag es überhaupt ausgeliefert hat; dem heftig die rote Karte gezeigt wird; dem nachgewiesen wird, dass man in Frankreich, wo dieser Schmarren 800.000 Mal verkauft worden ist, wieder mal keine Ahnung hat von so urdeutschen Angelegenheiten wie den Massenmorden des Zweiten Weltkriegs und der angestrebten Vernichtung der europäischen Juden durch die Nazi-Deutschen. Es hallt ein Ruf wie Donnerhall: „So nicht, Herr Littell!"

Was hat er denn getan, der Arme? Er lässt auf 1381 Seiten – etwas reichlich, zugegeben – die deutsche Kriegs- und Ausrottungspolitik der Jahre 1941 bis 1945 von einem Ich-Erzähler ausbreiten, der unter dem Namen Max Aue, SS-Obersturmbannführer, figuriert. Er nennt das Ganze Roman, lässt die deutschen Mordgeschichten darstellen aus der Sicht und in der Sprache eines hochrangigen Täters, wobei er die Personennamen der tatsächlichen Geschichte benutzt. Historisch scheint er bestens informiert. Die SS-Leute, die auftreten, und die Handlungen, die er beschreibt, hat es gegeben. Aber: Täterperspektive, womöglich Einfühlung; „darf man das?" Wo wir sonst – Regel! – an Bücher aus der Opferperspektive gewöhnt sind; die wir gelernt haben, gut und geduldig zu goutieren. Dass er gut recherchiert hat, wird allgemein bescheinigt. Aber, ein Aufschrei: „Der Mann kann nicht schreiben!" „Grauenhaft!" Am schärfsten Iris Radisch. Sie befindet, dass die französische Kritik, die mit Littell weit freundlicher umgeht, auf „das Misslungene des Romans – die Kolportage, den Kitsch, die Pornografie, das NS Geschwätz" – hereingefallen sei. Außerdem findet sie, „die Nachtgewächse des französischen akademischen Diskurses tragen nichts bei zur Lösung der schmerzhaften Frage, was genau unsere Großväter zu Mördern gemacht hat". Hart an der Grenze zu einem journalistischen Rassismus innerhalb der EU. (Sie verstehen sie einfach nicht, unsere schmerzhaften Fragen, die akademischen Nachtgewächs-Franzosen! Empor ins deutsche Tageslichtdenken!) [...] Keineswegs wird dieser Max Aue von Jonathan Littell unangemessen heroisiert und in eine Art Unschuldslamm verwandelt; ganz im Gegenteil, er destruiert diese Figur nach und nach zu dem letzten Dreck, der Aue tatsächlich ist; nur: dieser letzte Dreck trägt Züge, die im deutschen Kontext üblicherweise anders konnotiert sind: er denkt (ein bisschen), er liebt die Musik, besonders die Bachs, er hätte eigentlich Pianist werden wollen (war aber zu faul), er kennt sich aus in den besten Weinjahrgängen, er ist in vieler Hinsicht das, was in Deutschland gern „kultiviert" heißt, er ist ein Dr. iur.; wie überhaupt Littell großen Wert darauf legt, das SS-Führungspersonal mit seinen tatsächlichen Doktortiteln zu versehen, Dr. Best usw.

Aber: warum so lang? Littell hat sich vorgenommen, die Leser durch den ganzen Krieg im Osten zu schleppen, durch die Lager, durch alle Züge der Vernichtung in einer Eindringlichkeit, die ich bei keinem historischen Werk, ausgenommen die Bücher Raul Hilbergs, so erlebt habe. Ich verstehe gut, wenn Leser sagen, sie wollen sich dem nicht aussetzen. Das Buch kann beschädigen. Eben weil es nicht schlecht geschrieben ist, sondern bohrend und eindringend. Es okkupiert den, der sich einlässt.

http://lesesaal.faz.net/littell/article.php?aid=34&bl=%252Flittell %252Frezensionen.php.08.06.2008

1 **a** Wie wird der Roman in den beiden Rezensionen bewertet? Markieren Sie positive und negative Wertungen sowie die jeweiligen Begründungen.
b Verschaffen Sie sich einen Überblick über die Übereinstimmungen und die Abweichungen der beiden Texte, indem Sie die folgende Tabelle ergänzen.

	Iris Radisch	Klaus Theweleit
positive Wertung	*1. strategische Provokation*	*1. verstörende Darstellung des NS-Systems*
		2. Provokation
Begründung	*1. Spiel mit Tabus*	
negative Wertung		
Begründung		

5.4 Literarische Texte untersuchen

Literarische Texte beziehen ihre Wirkung aus der Wechselbeziehung zwischen Inhalt, Aufbau, sprachlicher Gestaltung, gattungsspezifischer Gestaltung (Lyrik: Form; Epik: Erzählweise; Drama: Mittel der Dialoggestaltung) und dem jeweiligen historischen Kontext.

! **Interpretationsstern zur Untersuchung literarischer Texte**

Aussage/Thema
Worum geht es?
Aussage = Interpretationsthese

Inhalt
- Vorstellungen, Beobachtungen, Positionen, Gedanken, Weltsicht, Motive
- Mitteilungen, Handlungen
- Raum- und Zeitdarstellung

Aufbau und Funktion
Äußerer Aufbau:
- **lyrische Texte:** Strophe, Bauformen
- **epische Texte:** Absätze, Kapitel, Bauformen
- **Dramenszenen:** Abschnitte der Handlung bzw. des Dialogs

Innerer Aufbau: steigernd, antithetisch, kreisförmig

Lyrische Texte: das lyrische Ich, der Sprecher im Gedicht
- räumlicher und zeitlicher Standort (Nähe, Ferne; Überblick u.a.)
- Haltung, Intention (begeistert, traurig; kritisieren, preisen u.a.)
- Standpunkt, der vertreten wird

Epische Texte: Erzähler
- Erzählform (Er-/Ich-Erzähler)
- Erzählverhalten (auktorial, neutral, personal)
- Standort (Nähe, Ferne; Überblick u.a.)
- Erzählhaltung (ironisch, teilnehmend u.a.)
- Darbietungsformen (berichtend, beschreibend u. a.)

Dramenszenen: Figuren und Gesprächssituationen
- Charaktere, Ziele, Beziehungen (persönlich, sozial; Über-/Unterordnung), wechselseitige Beeinflussung
- Gesprächszusammenhang, Anlass, Ort, Zeitpunkt

sprachliche Gestaltung und deren Funktion
- dominante Wortfelder
- Satzbau
- dominante grammatische Phänomene
- Stilfiguren und Bilder

Gattungsspezifische Gestaltung
Lyrische Texte: lautliche Form
- Metrum, Rhythmus, Reime, Enjambements
- Alliterationen, Lautmalerei, dominante Laute

Epische Texte: Figuren
- Verhalten der Figuren, Form der Charakterisierung
- Figurenkonzeption, -konstellation

Dramentexte: dramaturgische Mittel
- Mittel der Dialogführung: initiieren oder reagieren, auf den Partner eingehen oder nicht
- sprachliche und nonverbale Mittel (Gestik, Mimik, Sprechweise, Bewegung im Raum)

Kontexte, soweit relevant
- Biografie des Autors
- Zeitbezug und literaturgeschichtliche Einordnung

Bei Dramentexten kann auch der Bezug zu Form und Typ des gesamten Dramas hergestellt werden (offene/geschlossene Form; Tragödie, Komödie).

1 Lesen Sie den folgenden Romanauszug und nehmen Sie Markierungen und Randbemerkungen vor (→ S. 38).

Patrick Süskind: **Das Parfum** (1985)

In seinem Roman „Das Parfum“ spielt Patrick Süskind auf die Schöpfungsgeschichte im Alten Testament an (z. B. Genesis, I,12).

Ja! Dies war sein Reich! Das einzigartige Grenouillereich! Von ihm, dem einzigartigen Grenouille erschaffen und beherrscht, von ihm verwüstet, wann es ihm gefiel, und wieder aufgerichtet, von ihm ins Unermeßliche erweitert und mit dem Flammenschwert verteidigt gegen jeden Eindringling. Hier galt nichts als sein Wille, der Wille des großen, herrlichen, einzigartigen Grenouille. Und nachdem die üblen Gestänke der Vergangenheit hinweggetilgt waren, wollte er nun, daß es dufte in seinem Reich. Und er ging mit mächtigen Schritten über die brachen Fluren und säte Duft der verschiedensten Sorten, verschwenderisch hier, sparsam dort, in endlos weiten Plantagen und kleinen intimen Rabatten, den Samen faustweise verschleudernd oder einzeln an eigens ausgewählten Plätzen versenkend. Bis in die entlegensten Regionen seines Reiches eilte der Große Grenouille, der rasende Gärtner, und bald war kein Winkel mehr, in den er kein Duftkorn geworfen hätte.

Und als er sah, daß es gut war, und daß das ganze Land von seinem göttlichen Grenouillesamen durchtränkt war, da ließ der Große Grenouille einen Weingeistregen hierniedergehen, sanft und stetig, und es begann allüberall zu keimen und zu sprießen, und die Saat trieb aus, daß es das Herz erfreute. Schon wogte es üppig auf den Plantagen, und in den Gärten standen die Stengel im Saft. Die Knospen der Blüten platzten schier aus ihrer Hülle. [R]

Aus: Patrick Süskind: Das Parfum. Die Geschichte eines Mörders. Taschenbuchausgabe, Zürich: Diogenes Verlag 1994, S. 161, Originalausgabe 1985.

2 Nutzen Sie den Interpretationsstern auf S. 45, um Ihr Verständnis dieses Textauszugs aus dem Roman „Das Parfum“ zu vertiefen. Machen Sie sich Notizen zu den für diesen Text relevanten Punkten.

3 Stützen Sie sich auf die von Ihnen herausgefundenen Aspekte, um in Ihren Unterlagen ein Resümee Ihrer Überlegungen zu formulieren.

5.5 Empirische Methoden verwenden

Empirisches Material auswerten

Wenn Sie eine empirische Untersuchung durchgeführt haben, stehen Sie vor der Aufgabe, ein Interview oder eine Umfrage auszuwerten. In diesem Kapitel geht es um die analytische Leistung, die man dabei in einer Seminararbeit erwarten kann. Die Ergebnisse Ihrer Analyse können Sie dann mit Hilfe von Tabellen, Diagrammen und Grafiken darstellen (→ S. 64 f.).
Wenn Sie offene Interviews gemacht haben, ist die Auswertung anspruchsvoller als bei standardisierten Interviews. Befolgen Sie in dem Fall die im Folgenden zu findenden Hinweise zur Auswertung von offenen empirischen Befragungen. Bei einer quantitativen empirischen Untersuchung haben Sie selbst die Problemstellungen vorher bereits definiert und im Fragebogen verankert. Die Fragen 1 und 2 der folgenden Hinweise zur Auswertung von empirischen Befragungen entfallen deshalb.

! **Auswertung von empirischen Befragungen**

Bearbeiten Sie bei der **Auswertung von Material aus offenen empirischen Befragungen (Interviews)** die folgenden Fragen:

1. Welche Problemstellungen rücken die Befragten in den Vordergrund?
2. In welchen bisher recherchierten Texten finde ich Hintergrundwissen zu diesen Problemstellungen? (Angabe von Kurztiteln und relevanten Seiten)
3. Welche Gemeinsamkeiten gibt es bei der Einschätzung der Probleme?
4. Welche Sichtweisen weichen stark voneinander ab?
5. Wie kann man zentrale Analyseergebnisse zusammenfassen? (größte Gemeinsamkeiten, größte Unterschiede)
6. Welche prozentualen Verteilungen der Meinungen ergeben sich bei ausgewählten Problemstellungen? (Problemstellung 1: Position a = ? Prozent, Position b = ? Prozent; Problemstellung 2: Position a = ? Prozent, Position b = ? Prozent usw.)

Nutzen Sie bei einer **quantitativen Untersuchung** die Fragen 3 bis 6, um Ihr Material auszuwerten.

1 Nehmen wir an, die auf S. 34 vorgestellte Umfrage zum Leseverhalten sei unter 120 Schülern der 6. Klassen tatsächlich durchgeführt worden und die Schülerinnen und Schüler hätten auf eine der gestellten Fragen, wie auf der nächsten Seite zu lesen, geantwortet.
Werten Sie diesen Ausschnitt aus der Umfrage aus, indem Sie folgende Fragen beantworten:

a Welche Gemeinsamkeiten gibt es bei Jungen und Mädchen bei der Beantwortung der gestellten Frage?

____

____

b In welchen Punkten weichen die Antworten der Jungen und Mädchen stark voneinander ab?

____

____

c Wie lassen sich die Antworten auf die Frage zusammenfassen?
Nennen Sie die größten Gemeinsamkeiten und Unterschiede.

____

____

Geschlecht: 60 Jungen

1. Wie oft in der Woche benutzt du privat folgende Medien?

	täglich	**3- bis 4-mal pro Woche**	**1- bis 2-mal pro Woche**	**seltener**
Buch	8	12	15	25
Zeitschrift	6	20	14	20
Radio	54	6		
CD/MP3	56	4		
Video/DVD	12	11	8	29
Fernseher	52	7		1
Playstation o.Ä.	25	13	12	10
Computer	44	9	5	2

Geschlecht: 60 Mädchen

1. Wie oft in der Woche benutzt du privat folgende Medien?

	täglich	**3- bis 4-mal pro Woche**	**1- bis 2-mal pro Woche**	**seltener**
Buch	23	17	12	8
Zeitschrift	12	16	12	20
Radio	52	7	1	
CD/MP3	53	6	1	
Video/DVD	6	10	14	30
Fernseher	45	11	3	1
Playstation o.Ä.	10	9	17	24
Computer	36	13	7	4

Empirisches Material visualisieren

Im Rahmen der Seminararbeit wird nicht das Material selbst, sondern die Auswertung dessen vorgestellt. Dabei müssen Sie sich sinnvolle Präsentationsmöglichkeiten ausdenken.

- **Quantitative Ergebnisse** (Statistiken, Tabellen, andere Zählbefunde) lassen sich am besten grafisch in Form von Schaubildern darstellen. Im Fließtext müssen dann nur die Ergebnisse verbalisiert werden, die für die weitere Untersuchung herangezogen werden.
- **Qualitative Ergebnisse** (Befunde, die Interpretationen wie Ursache-Folge-Beziehungen enthalten) sollten verbal präsentiert werden.

Verschiedene Formen für die Visualisierung Ihrer Ergebnisse finden Sie auf Seite 64f. sowie in Ihrem PC-Programm für die Tabellenkalkulation.
Die Erstellung und Auswertung von Umfragen bedeutet einen großen Aufwand. Die Bundeszentrale für politische Bildung (www.bpb.de) stellt kostenlos ein Programm für die Erstellung, Durchführung, Auswertung und Präsentation von Befragungen zur Verfügung: Grafstat.win.

1 Informieren Sie sich auf S. 64 über verschiedene Visualisierungsformen und begründen Sie, welche der Diagrammformen Sie für sinnvoll halten, um die Ergebnisse aus Aufgabe 1 von S. 47 zu veranschaulichen.

5.6 Zwischenbilanz ziehen

Am Ende der Recherchephase sollten Sie innehalten und eine Zwischenbilanz ziehen.

1 Nach der ersten intensiven Rechercherunde verfügen Sie über einen grundlegenden Überblick über die Material- und Forschungssituation zu Ihrem Seminararbeitsthema. Beantworten Sie in Ihren Unterlagen folgende Fragen:
a Wie heißen die Standardwerke zu Ihrem Thema, die die Grundlage der Forschung bilden und die immer wieder zitiert werden?
b Zu Ihrem Thema forschen einige Menschen regelmäßig. Von ihnen stammen mehrere Untersuchungen. Wie heißen die Untersuchungen?
c Welche Aspekte Ihres Themas werden regelmäßig untersucht?
d Zu welchen Aspekten Ihres Themas muss noch weitergeforscht werden?
e Zu welchen Aspekten Ihres Themas gibt es unterschiedliche Auffassungen bzw. Forschungskontroversen?

2 Versuchen Sie, alle Fragen, die Sie sich eingangs zu Ihrem Thema gestellt haben (→ S.17, Aufg. 2), mit Hilfe Ihrer Rechercheergebnisse in Form von Stichpunkten zu beantworten.

3 Oft ergeben sich während der Recherche weitere Fragen oder interessante Untersuchungsaspekte, mit denen Sie vorher nicht gerechnet haben. Notieren Sie solche Fragen sowie erste Antworten darauf.

Neue Fragen	Erste Antworten

! **TIPP: Antworten finden**

Wenn Sie noch nicht alle Fragen beantworten können, müssen Sie so lange weiter nach Material suchen, bis Sie fündig werden. Gehen Sie dann zurück zum Schritt „Recherche" und füllen Sie Ihre Informationslücken auf.

Manchmal zeigt sich nach langer, ergebnisloser Recherche, dass eine Frage nicht oder jedenfalls nicht mit vertretbarem Aufwand zu beantworten ist. In wieder anderen Fällen stellt sich heraus, dass andere Aspekte Ihres Themas noch gehaltvoller sind als die zuerst bedachten. Wenden Sie sich in einem solchen Fall an Ihren Betreuer. Er kann Ihnen vielleicht bei dem Auffinden von Material helfen oder mit Ihnen gemeinsam eine neue Weichenstellung für Ihre Arbeit vornehmen.

6 Exposé und Gliederung erstellen, Zwischenergebnisse vortragen

6.1 Ein Exposé verfassen

Das Exposé ist das erste vorzeigbare Produkt einer wissenschaftlichen Arbeit und enthält die Ergebnisse der Orientierungsphase sowie Ihre exakt formulierte Fragestellung. Während manche Lehrkräfte das Exposé bereits zu Beginn der eigenständigen Recherche erwarten, sehen andere darin das Endprodukt des Rechercheprozesses. Erkundigen Sie sich danach bei Ihrer Seminarlehrerin bzw. Ihrem Seminarlehrer, denn je nach Abfassungszeitpunkt unterscheidet sich die Tiefenschärfe des Exposés. Wird es, wie hier angenommen, am Ende der Recherche verfasst, ist eine differenzierte Darstellung des Themas und eventueller Probleme ebenso zu erwarten wie ein sinnvoll konzipierter Arbeitsplan und eine solide Bibliografie.

! **Exposé**

Das **Exposé** ist ein etwa eine DIN-A4-Seite umfassender ausformulierter Text.
Es enthält folgende Elemente:
- Vorstellung der in der Arbeit behandelten Frage,
- Beschreibung des methodischen Vorgehens und eventueller Probleme,
- Umriss des Zeitplans und wichtiger „Meilensteine“,
- wesentliche Literatur.

1 Markieren Sie in vier verschiedenen Farben im folgenden Exposé zum Thema „Lesegewohnheiten von Jungen und Mädchen der 5. und 6. Jahrgangsstufe und ein Konzept zur Leseförderung am Beispiel des XY-Gymnasiums“ die oben genannten Anforderungen an ein Exposé.

In den letzten Jahren wurde immer wieder beklagt, dass die Lesekompetenz der Heranwachsenden sinkt. Hinzu kam neuerdings die Beobachtung, dass Jungen in entsprechenden Tests besonders schlecht abschnitten. Die Seminararbeit untersucht in diesem Zusammenhang zwei Fragen. Erstens: Stellen sich die Befunde an unserer Schule ähnlich dar wie in den bisher durchgeführten Untersuchungen und den dort erhobenen Daten? Zweitens: Zeigt sich auch an unserer Schule ein Zusammenhang zwischen Leseverhalten und Geschlecht?
In einem weiteren Schritt sollen Vorschläge zur Leseförderung an unserer Schule erarbeitet werden.
Zur Beantwortung der ersten beiden Fragen sind folgende Arbeitsschritte geplant: Bisher erhobene exemplarische Untersuchungen (PISA, „Lesen macht stark“) sollen in ihren Ergebnissen und in ihrem Design vorgestellt werden. Das Design der Untersuchungen dient als Vorlage für eine empirische Datenerhebung in den fünften und sechsten Klassen unserer Schule. Die Ergebnisse werden anschließend verglichen. Zusätzlich soll in der Umfrage nach Geschlecht differenziert werden. Während die Frage nach dem Leseverhalten mit Hilfe von Umfragen beantwortet werden kann, werden die Ergebnisse der schulinternen und zentralen Jahrgangsstufentests der Klasse 6 aus dem Bereich Lesekompetenz herangezogen, um die Fähigkeiten der Schülerinnen und Schüler zu untersuchen. Auch hier ist eine Differenzierung nach Geschlecht möglich.
Die Strategie zur Leseförderung kann sich an Beispielen orientieren. Hierzu werden verschiedene Ansätze vorgestellt, diskutiert und bewertet. Aus dieser Übersicht soll ein Vorschlag für unsere Schule erwachsen.
Die Recherche zu den allgemeinen Informationen ist bereits abgeschlossen. Es gibt einige didaktische Bücher, weitere Ergebnisse sind vor allem im Internet veröffentlicht.
Bis zum Beginn der Sommerferien sollen die empirischen Daten erhoben werden.

Wesentliche Literatur:

Rosebrock, Cornelia, Daniel Nix: Grundlagen der Lesedidaktik und der systematischen schulischen Leseförderung. Hohengehren 2007.
Lesekompetenz erwerben und fördern. (Lernmaterialien) (Praxis Pädagogik) 2000.
http://www.bmbf.de/pub/bildungsreform_band_siebzehn.pdf.
http://www.lesen-in-deutschland.de/html/content.php?object=journal&lid=801.

6.2 Eine Gliederung erstellen

Die Gliederung zeigt den logischen Aufbau Ihres Themas sowie das Grundkonzept der Arbeit. Dabei beziehen sich alle Aspekte auf die erkenntnisleitende Fragestellung. Für die Erarbeitung einer Gliederung eignen sich die Methoden, die Sie bei der Erschließung eines wissenschaftlichen Textes kennen gelernt haben (→ S. 36 ff.).
Die Gliederung gibt zunächst die inhaltliche Konzeption der Seminararbeit wieder, ist also eine schriftliche Konzeption der weiteren Arbeitsschritte. Zugleich findet sie sich später – meist in geänderter Form – als Inhaltsverzeichnis zu Beginn der Arbeit.

! **Gliederung**

Folgende **inhaltliche Elemente** sollte Ihre Gliederung enthalten:

Einleitung: Klärung der Fragestellung und Methoden, Einordnung in das Rahmenthema

Hauptteil:
- „Forschungsüberblick" (Befunde und Kontroversen zum Thema; Problemnennung; Beitrag der Arbeit zur Klärung der offenen Fragen)
- Beschreibung (deskriptive, noch nicht wertende Darstellung des untersuchten Themas/Textes)
- Arbeit am Gegenstand (Klärung der Fragestellung in mehreren Schritten)

Zusammenfassung: Sammlung der Ergebnisse und Einordnung in den Zusammenhang der Fragestellung

Anhang: Literaturverzeichnis, Abbildungen (wenn vorhanden)

Beachten Sie folgende Regeln für die **Form einer Gliederung:**
- Bringen Sie über- und untergeordnete Gliederungspunkte in eine logische Struktur.
- Formulieren Sie aussagekräftige, inhaltliche Gliederungspunkte. Sprechen Sie nicht von dem „Hauptteil", sondern nennen Sie das Thema des Hauptteils.
- Führen Sie Ober- und Unterpunkte in Nominalform an (z. B. „ Zusammenarbeit von Schiller und Goethe", nicht: „Schiller und Goethe arbeiten zusammen").
- Sehen Sie keinen Gliederungspunkt 1 ohne einen Gliederungspunkt 2 vor.
- Folgen Sie konsequent entweder dem Buchstaben-Ziffern-System (siehe unten) oder dem numerischen Zahlensystem (vgl. dazu das Inhaltsverzeichnis in diesem Heft, S. 2).

1 Prüfen Sie die folgende Gliederung, die sich auf die im Exposé auf S. 50 vorgestellte Seminararbeit bezieht, im Hinblick auf die im Merkkasten erläuterten Bestandteile und formalen Anforderungen.

A. Probleme des Leseverhaltens von Kindern
B. Forschungsüberblick
  I. Leseverhalten und Lesekompetenzen in Tests
    1. Geschlechterspezifische Unterschiede
C. Leseverhalten von Mädchen und Jungen am XY-Gymnasium
  I. Leseverhalten von Mädchen und Jungen
  II. Lesekompetenzen von Mädchen und Jungen am XY-Gymnasium
  III. Vergleich mit anderen Studien
D. Vorschläge für eine Leseförderungsstrategie
  I. Verschiedene Förderkonzepte vorstellen
  II. Eine Skizze für die Leseförderung am XY-Gymnasium entwerfen
E. Anhang
  I. Literaturverzeichnis
  II. Abbildungen

Ergebnis der Überprüfung:

___

___

___

___

___

___

___

___

___

___

6.3 Zwischenergebnisse präsentieren – Referat

Während der Beschäftigung mit Ihrem individuellen Seminararbeitsthema geht die Auseinandersetzung mit dem Rahmenthema im Seminarfach weiter. Es ist sinnvoll, sich in der Lerngruppe bisweilen von den Fortschritten und Problemen bei der Abfassung der Arbeit zu berichten. Eine geeignete Möglichkeit dafür sind Kurzreferate über den Zwischenstand. Dabei wird nicht nur über Erfolge informiert, vielmehr ist das Referat auch eine gute Möglichkeit, Erfahrungen auszutauschen und sich gegenseitig bei der Lösung von Problemen zu helfen. Offene Fragen und Probleme sind während der Abfassung der Seminararbeit kein Manko, sondern eine Chance zu lernen. Sie sollten einen Schwerpunkt der Zwischenberichte bilden. Damit das gelingt, sollten Sie solche Probleme während der Arbeit sammeln.

1 **a** Legen Sie sich eine systematische Liste nach dem folgenden Muster an und notieren Sie darin offene Fragen zu Ihrem Seminararbeitsthema. Notieren Sie auch Kleinigkeiten.
b Streichen Sie gelöste Probleme aus der Liste und notieren Sie Lösungsansätze.

Themenbereich	Problem	Lösungsansatz	Status (geklärt/offen)
Inhalt/Fragestellung			
Inhalt/Arbeitshypothesen			
Recherche			
Methode			

Grundregeln für Referate

1 Rufen Sie sich Grundregeln für das Referieren in Erinnerung, indem Sie die folgende Liste durchgehen und gegebenenfalls Konkretisierungen für Ihr eigenes Referat ergänzen.

Arbeitsschritte für die Vorbereitung und das Halten eines Referats

1. Analyse der Zielgruppe
   Hier: Seminarfachgruppe mit soliden Vorkenntnissen über das Rahmenthema und über Methoden wissenschaftlichen Arbeitens, mit nur geringen Kenntnissen über das Thema der individuellen Seminararbeit.
2. Aufarbeitung der Informationen
   Hier: Die Recherche haben Sie im Rahmen der Arbeit an der Seminararbeit bereits durchgeführt. Nun geht es darum, die relevanten Informationen vorzustellen.
3. Vorbereitung des Vortrags
   - Gliederung erstellen
   - Manuskript erarbeiten, das den freien Vortrag unterstützt (Karteikarten usw.)
   - Visualisierungen vorbereiten
   - Einstieg/Ausstieg überlegen
   - Hand-out vorbereiten
4. Vortrag halten
   - Aufbau des Referats verdeutlichen
   - frei sprechen
   - Blickkontakt halten und Zuhörerreaktionen beachten
   - Sprechgeschwindigkeit und Lautstärke gezielt einsetzen
   - Gestik und Mimik bewusst verwenden

Inhalt des Referats

Der Inhalt des Referats wird je nach Zeitpunkt, zu dem Sie sprechen, variieren: Wenn Sie in einer frühen Phase der Arbeit referieren, stellen Sie eventuell – in Anlehnung an das Exposé – eher Ihre Fragestellung, methodische Grundentscheidungen sowie erste Rechercheergebnisse vor. Zu einem späteren Zeitpunkt können Sie bereits einige wesentliche Arbeitshypothesen erläutern, vielleicht sogar schon Ergebnisse aufzeigen. Klären Sie vor der Vorbereitung des Referats im Seminar, was von Ihnen erwartet wird.
Sie sollten in jedem Falle darauf achten, im Referat den Bezug Ihrer individuellen Arbeit zum Rahmenthema zu verdeutlichen.

! **Gliederungsvorschläge für Referate**

Variante 1: Kurzreferat kurz nach Beginn der individuellen Arbeit

1. Vorstellung des Seminararbeitsthemas, Bezug zum Rahmenthema
2. Fragestellung, differenzierende Fragen: Was will ich herausfinden? Welche Fragen muss ich dafür beantworten?
3. Methodische Grundentscheidungen: Auf welche Weise will ich meine Fragen beantworten?
4. Erste Rechercheergebnisse: Wie habe ich meine Literaturrecherche gestaltet? Welche Literatur habe ich gefunden? Welche empirischen Informationserhebungen habe ich konzipiert/durchgeführt?
5. Offene Fragen: Welche Probleme haben sich mir gestellt?
   Ordnen Sie die Probleme systematisch, evtl. nach den Gliederungspunkten 2–4, die Inhalt, Methode und Informationsbeschaffung entsprechen. Unterbreiten Sie, wenn möglich, Lösungsvorschläge. Lassen Sie sich ggf. von den Zuhörerinnen und Zuhörern beraten.

Variante 2: Kurzreferat zu einem späteren Zeitpunkt der Abfassung

1. Vorstellung des Seminararbeitsthemas und der Fragestellung
2. Wesentliche Arbeitshypothesen
3. Ergebnisse, die diese Hypothesen stützen/in Frage stellen können
4. Offene Fragen
5. Beitrag der Ergebnisse zum Rahmenthema
6. Planung des weiteren Vorgehens

1 Konzipieren Sie Ihr Referat. Weitere Hinweise finden Sie auf S. 73.

7 Die Arbeit schreiben

7.1 Wissenschaftlicher Stil

Sie schreiben Ihre erste wissenschaftliche Arbeit. Damit ist auch der Stil vorgegeben: Die Arbeit ist im wissenschaftlichen Stil zu schreiben. Generell gilt: Je anspruchsvoller ein wissenschaftlicher Sachverhalt ist, desto klarer muss er dargestellt werden. Dazu zwei kurze Beispiele:

Text 1: Meister Eckhart (2006)

Das Interesse an Meister Eckhart wächst. Dafür gibt es gute Gründe. Doch schwankt sein Bild in der Geschichte. Er ist 1328 gestorben. Er, seine Werke und seine Gedanken sind ein *historischer* Gegenstand. Es gibt Widerstände gegen diese einfache Einsicht. Seit der Romantik haben viele versucht, ihn in die jeweilige Gegenwart herüberzuziehen. Aber er gehört für immer der Zeit um 1300 an. Daher versucht dieses Buch eine *historische* Einführung in die Zentralmotive seines Denkens. Es vermeidet großflächige Assoziationen. Es handelt nicht von Eckhart und Fichte, von Eckhart und Nietzsche oder Eckhart und dem Zen-Buddhismus. Es sucht Eckharts Denken auf in seinem nachweisbaren historischen Kontext. Es verfolgt seine Auseinandersetzung mit Autoren, die er nachweislich gelesen und teilweise persönlich gekannt hat. Dabei handelt es sich um ein komplexes Netzwerk. [...]

Kurt Flasch: Meister Eckhart. Die Geburt der „Deutschen Mystik" aus dem Geist der arabischen Philosophie. München: C. H. Beck 2006, S. 9.

Text 2: Romantik (2007)

[...] Die beste Definition des Romantischen ist immer noch die von Novalis: *Indem ich dem Gemeinen einen hohen Sinn, dem Gewöhnlichen ein geheimnisvolles Ansehn, dem Bekannten die Würde des Unbekannten, dem Endlichen einen unendlichen Schein gebe, so romantisiere ich es.*

Dieser Formulierung merkt man an, dass die Romantik eine untergründige Beziehung zur Religion unterhält. Sie gehört zu den seit zweihundert Jahren nicht abreißenden Suchbewegungen, die der entzauberten Welt der Säkularisierung etwas entgegensetzen wollen. Romantik ist neben vielem, was sie sonst noch ist, auch eine Fortsetzung der Religion mit ästhetischen Mitteln. Das hat ihr die Kraft zur beispiellosen Rangerhöhung des Imaginären gegeben. Die Romantik triumphiert über das Realitätsprinzip. Gut für die Poesie, schlecht für die Politik, falls sich die Romantik ins Politische verirrt. Dort also beginnen die Probleme, die wir mit dem Romantischen haben. [...]

Rüdiger Safranski: Romantik. Eine deutsche Affäre. München: Hanser 2007, S. 13.

1 Kreuzen Sie an, welchen ersten Eindruck die beiden Texte bei Ihnen hinterlassen haben, und versuchen Sie, dies knapp zu begründen.

	gefällt mir sehr, weil	**gefällt mir, weil**	**gefällt mir eher nicht, weil**	**gefällt mir gar nicht, weil**
Text 1				
Text 2				

! **Wissenschaftlicher Stil**

- **Übersichtliche Sätze bilden:** Wenn Sie selbst einen Satz mehrfach lesen müssen, um seine Aussage zu erfassen, könnte er zu komplex sein. Solche Sätze sollten in kürzere Einheiten aufgelöst werden.
- **Wesentliche Informationen in Hauptsätzen formulieren:** Verstecken Sie die wesentlichen Informationen nicht in Nebensätzen, sondern formulieren Sie diese im Hauptsatz. Vermeiden Sie Wendungen wie „es ist bekannt, dass" (besser: „bekanntermaßen"), „es wird vermutet, dass ..." (besser: „vermutlich").
- **Standardsprache verwenden:** In einer Seminararbeit werden standardsprachliche Formulierungen von Ihnen erwartet. Umgangssprachliche Wendungen sind fehl am Platz. Schlagen Sie im Zweifel in einem Wörterbuch zur deutschen Rechtschreibung nach. Umgangssprachliche Formulierungen werden dort mit „ugs." gekennzeichnet und sollten in der Seminararbeit gemieden werden.
- **Fachsprache benutzen:** Verwenden Sie die Fachsprache, um komplexe Sachverhalte mit einem genau vereinbarten Vokabular exakt zu benennen. Anspruchsvolle Fachbegriffe sollten bei der ersten Verwendung in der Arbeit erklärt werden. Eine Hilfestellung bietet Ihnen dabei das Glossar, das Sie zum Rahmenthema und/oder zu Ihrem Seminararbeitsthema erstellt haben (→ S. 9). Verwenden Sie Fachbegriffe aber nicht um jeden Preis. Beweisen Sie, dass Sie das Fachvokabular beherrschen und trotzdem einen verständlichen Text schreiben können.
- **Nominalstil vermeiden:** Verketten Sie nicht eine Vielzahl von Nomen mit Hilfe von Präpositionen miteinander. Ein solcher Stil wirkt bürokratisch und erschwert das Verständnis. Lösen Sie Sätze mit Nominalstil auf, wenn diese nicht zur prägnanten Verkürzung oder wegen der Verwendung von Fachbegriffen notwendig sind. Finden Sie treffende Verben.
- **Fremdwörter sinnvoll einsetzen:** Benutzen Sie Fremdwörter nur dann, wenn Ihnen ihre Bedeutung klar ist. Ersetzen Sie Fremdwörter durch muttersprachliche Wörter, wenn deren Sinn genauso klar und eindeutig ist.

2 Unterstreichen Sie in den folgenden Beispielen alle Nominalisierungen und formulieren Sie die Sätze um – gegebenenfalls radikal.

Bei der Verwendung von Sekundärliteratur muss zum einen der jeweilige Interpretationsansatz der Autoren, zum anderen die Argumentationsweise Berücksichtigung finden – zur Vermeidung der Gefahr einer unreflektierten Übernahme von Meinungen und der Minderung der Verfälschung von Gedankengängen.

Mangels Entschlossenheit der Kritiker zur Verhinderung des Niveauabfalls der Literatur erfolgen das Aufstellen eines Kanons und die Formulierung verbindlicher Leselisten meist nur zögerlich.

3 Viele Autoren verstecken wesentliche Informationen in Nebensätzen.
Besonders beliebt sind zu diesem Zweck Konjunktionalsätze nach inhaltlich leeren Hauptsätzen.
Ergänzen Sie diese Liste und führen Sie die begonnene Übersetzungsarbeit fort.

Es ist bekannt, dass	*bekanntermaßen*
Man kann daraus ableiten, dass	
Man sollte beachten, dass	

4 Formulieren Sie den folgenden Text so um, dass die wesentlichen Aussagen im Hauptsatz stehen.

Für die Frage nach der Notwendigkeit literarischer Wertung ist zunächst zu beachten, dass es sich bei der Beurteilung von Literatur nicht allein um eine Geschmackssache handelt. Zwar ist es richtig, dass bei der intuitiven, gefühlsmäßigen Bewertung von Literatur der persönliche Geschmack eine Rolle spielt: wir sind amüsiert, gelangweilt, verärgert … Jedoch sollte man berücksichtigen, dass bei der professionellen Wertung von Literatur objektivere Bewertungsmaßstäbe zu gelten haben. Dafür gibt es mehrere Gründe. Es ist allgemein bekannt, dass Literaturkritiker über den Erfolg eines Buches mitentscheiden. Deshalb lässt sich fordern, dass an ihr Urteil ein anderer Maßstab anzulegen ist als an das eines Laien.

! **Glaubensfragen: ich oder man**

Es ist umstritten, ob man „ich" oder das unpersönliche „man" in der Arbeit verwenden soll.
Generell gilt: Bei der Präsentation oder Erklärung eines Sachverhalts ist das Pronomen „ich" nicht zu benutzen.
Der sachliche Stil besteht u. a. darin, über die Sache zu schreiben und nicht über Ihre Befindlichkeit.

Anders ist das bei der Darstellung von Zusammenhängen, die eine persönliche Entscheidung beinhalten, oder bei der Abgabe von Wertungen:

- *Ich habe mich angesichts der Fülle möglicher Quellen für folgende Auswahl entschieden.*
- *In dieser Auseinandersetzung stehe ich klar auf Seiten Müllers, weil …*

Erkundigen Sie sich bei Ihrem Betreuungslehrer bzw. Ihrer Betreuungslehrerin, welche Formulierung er/sie bevorzugt.

7.2 Zitate und Verweise sachgerecht integrieren

Forschung ist ein schriftlich ausgetragener Dialog. Diese Auseinandersetzung schlägt sich in Form von Zitaten aus der Sekundärliteratur und Verweisen darauf nieder. Wenn Sie eine Quelle, auf die Sie sich beziehen, in der Arbeit nicht angeben, ist das ein grober Verstoß gegen die Regeln wissenschaftlichen Arbeitens, der im schlimmsten Fall bedeutet, dass Ihre Arbeit mit Ungenügend bewertet wird.

Zitieren

Gehen Sie mit direkten Zitaten, also wortwörtlichen Übernahmen, sparsam um. Sie sollten sie nur dann verwenden, wenn sie sehr aussagekräftig sind. Zitate, die ohnehin Bekanntes oder Selbstverständliches nur illustrieren, sind überflüssig. Zitate dienen dazu, aufgestellte Behauptungen zu belegen. Die Regeln des Zitierens unterscheiden sich von Fach zu Fach, oft sogar um Nuancen von Lehrer zu Lehrer. Keines dieser Regelsysteme kann für sich in Anspruch nehmen, das einzig richtige zu sein, es handelt sich vielmehr um Konventionen. Wichtig ist jedoch, die unterschiedlichen Systeme in einer Arbeit nicht zu vermischen, sondern bei einem Modell zu bleiben.

! **Regeln des Zitierens**

A. Zitate sind wörtliche Übernahmen eines Wortes, mehrerer Wörter, ganzer Sätze oder auch ganzer Abschnitte. Am Wortlaut des Zitats darf nichts verändert werden. Übernommen werden müssen auch Eigentümlichkeiten der Rechtschreibung und Zeichensetzung. Von diesem generellen Übernahmegebot gibt es nur wenige Ausnahmen (Punkte F, G und I).

B. Will man klarstellen, dass es sich bei einer problematischen Schreibung oder einer problematischen Zeichensetzung nicht um einen eigenen Tippfehler, sondern um die Originalversion handelt, so kann man hinter die entsprechende Stelle ein [sic!] setzen (sic = lat. für „So!").

C. Zitate werden am Anfang und am Ende durch Anführungszeichen kenntlich gemacht. Diese Technik erlaubt es, Zitate in der gewünschten Länge aus einer Textquelle herauszulösen und z. B. Ausführungen wegzulassen, die für die eigene Arbeit nicht von Belang sind.

D. Zitiert man einen Text, in dem sich bereits ein Zitat befindet, so wird das Zitat im Zitat durch halbe Anführungszeichen kenntlich gemacht.

E. Auslassungen werden durch eckige Klammern markiert. Dies gilt für Auslassungen von Sätzen aus längeren Passagen, von Wörtern aus Sätzen und von Buchstaben aus Wörtern zum Zweck der grammatischen Anpassung an den eigenen Satz.

F. Zitate, die in den eigenen Satzbau integriert sind, werden grammatisch angepasst. Veränderungen, die Sie deswegen innerhalb des Zitats vornehmen (z. B. eine angefügte, vom Original abweichende Kasusendung, vom Original abweichende Groß- oder Kleinschreibung am Anfang eines Worts usw.), werden durch eckige Klammern um die veränderten bzw. hinzugefügten Buchstaben oder Wörter kenntlich gemacht.

G. Wenn ein Zitat mit einem Pronomen beginnt, dessen Bezug in Ihrem laufenden Text unklar wäre, dann können Sie nach diesem Pronomen in eckigen Klammern einen Zusatz machen, der den Bezug klärt. Auch aus anderen Gründen sind Zusätze möglich. In diesem Fall fügen Sie in Klammern [Anm. d. Verf.] für „Anmerkung des Verfassers/der Verfasserin" hinzu.

H. Sind in einer Quelle Wörter oder Sätze kursiv gesetzt oder auf andere Weise hervorgehoben, so wird dies im Zitat übernommen.

I. Will man selbst in einem Zitat Wörter abweichend vom Originaltext durch Kursivschrift hervorheben, so ist dies nur dann möglich, wenn man in der Klammer nach dem Zitat den Zusatz [Hervorh. d. d. Verf.] für „Hervorhebung durch den Verfasser / die Verfasserin" einfügt.

J. Kürzere Zitate werden in den laufenden Text integriert, längere Zitate von mehr als drei vollständigen, zusammenhängenden Zeilen werden in der Regel nicht im laufenden Text zitiert, sondern durch Einrückung und eine kleinere Schriftgröße kenntlich gemacht. Sie stehen dann nicht in Anführungszeichen.

K. Nach einem Zitat ist in einer Fußnote die Quelle anzugeben. Weitere Hinweise finden Sie auf S. 61.

1 Die unten stehenden Zitate stammen aus dem folgenden literaturgeschichtlichen Text zu Patrick Süskinds Roman „Das Parfum". Vollziehen Sie die Zitate anhand der auf S. 57 dargestellten „Regeln des Zitierens" nach. Notieren Sie neben dem Zitat jeweils die Regeln, die angewendet wurden.

Patrick Süskinds (geb. 1949) Bestseller „Das Parfum" (1985) darf als herausragendes Exempel einer in diesem Sinne poetisch selbstbewussten Preisgabe ästhetischer Verbindlichkeiten gelten, die zugleich Verlorenes erinnert und bewahrt. Süskinds Geschichte des Mädchenmörders Jean-Baptiste Grenouille führt zurück ins Paris des 18. Jahrhunderts, in den Bannkreis eines exzentrischen Monstrums, das mit Hilfe seines einzigartigen Geruchsinns aus den Ausdünstungen ermordeter Jungfrauen einen letzten, absoluten Duft gewinnen will. Individueller Held, auktoriale Erzählhaltung, chronologische Handlungsführung, spannungsreiche Konfliktentfaltung, dazu ein kolportagehaftes Sujet werden präsentiert im Medium einer eleganten Sprache. Dieser Sprung zurück ins Zeitalter des bürgerlichen Realismus mag den Erfolg erklären, den dieses in mehr als zwanzig Sprachen übersetzte Buch auch international hatte. Doch Süskinds Erzählkunst lässt sich mit dem Hinweis auf den Publikumserfolg nicht erledigen. Sie ist zu bewundern, weil sie – all ihrer vordergründigen Glätte zum Trotz – voller historischer und literarischer Anspielungen steckt, souverän über Traditionen verfügt, ihrem eleganten Gestus gegenläufige Sprachniveaus unterlegt und insgeheim einer abgründig politischen Parabel Ausdruck gibt: betörbare Masse und betäubende Macht. Die Abgründe unter der glatten Oberfläche, die Sprünge hinter dem äußeren Glanz sichtbar zu machen, dies ist die Leistung der Prosa Süskinds.

Ralf Schnell: Geschichte der deutschsprachigen Literatur seit 1945. Stuttgart, Weimar: Verlag J. B. Metzler 1993, S. 448 f.

Zitat	Regel(n)
„Sie [die Erzählkunst Patrick Süskinds, Anm. d. Verf.] ist zu bewundern, weil sie [...] einer abgründig politischen Parabel Ausdruck gibt: betörbare Masse und betäubende Macht."	______
Eine Leistung des Autors Patrick Süskind sei es, in diesem Roman „Abgründe unter der glatten Oberfläche [...] sichtbar zu machen".	______
Süskinds Roman „Das Parfum" ist schnell ein internationaler Bestseller gewesen, der „zugleich Verlorenes erinnert und bewahrt".	______
In viele Sprachen wurde der Roman übersetzt, außerdem wurde er verfilmt. Eine Erklärung für diesen Erfolg ist die „spannungsreiche *Konfliktentfaltung,* dazu ein *kolportagehaftes Sujet*" [Hervorh. d. d. Verf.].	______
Und so gilt der Roman „als herausragendes Exempel einer [...] poetisch selbstbewussten Preisgabe ästhetischer Verbindlichkeiten".	______

2 Formulieren Sie weitere Sätze unter Verwendung von Zitaten aus dem oben stehenden Text zu dem Roman „Das Parfum" von Patrick Süskind.

______

______

______

______

______

______

______

! **Häufige Fehler beim Zitieren**

Schülerinnen und Schülern, die das Zitieren nicht gewohnt sind, unterlaufen immer wieder typische Fehler:

- **Verfälschung der ursprünglichen Aussageabsicht**
  Das aus dem Quellentext herausgelöste und in den eigenen laufenden Text integrierte Zitat erhält einen anderen Sinn als im Ursprungstext.
  Nach jedem Zitieren sollten Sie noch einmal überprüfen, ob die ursprüngliche Aussageabsicht des Autors/der Autorin wirklich beibehalten worden ist.
- **Zu häufiges Zitieren**
  Manchmal bestehen Teile von Arbeiten aus einer Aneinanderreihung von Zitaten, die eine eigenständige gedankliche Verarbeitung kaum erkennen lassen.
  Verwenden Sie Zitate dann, wenn Sie mit ihnen eine bestimmte Beweisführung verbinden können. Verwenden Sie Zitate nicht als Ersatz für die eigene Gedankenentwicklung.
- **Unnötiges Zitieren**
  Zitate sollten auf wichtige Sachverhalte konzentriert werden.
  Nebensächlichkeiten, eher selbstverständliche Äußerungen von Ausgangstexten oder auch Begriffserklärungen sollten nicht zitiert werden.
- **Fehlende Zitate**
  Wenn Sie gar nicht oder kaum zitiert haben, liegt der Verdacht nahe, dass Sie zu wenig Zeit und Kraft in die Literaturrecherche investiert haben.
  Machen Sie mit Zitaten klar, dass Sie sich um eine Kenntnisnahme des aktuellen Wissensstandes zum Thema bemüht haben.
- **Syntaktisch unvollständiges Zitieren**
  Ein Zitat und eventuelle Zusätze des Verfassers/der Verfasserin sollten immer vollständige Sätze ergeben. Man kann nicht davon ausgehen, dass die Leserinnen und Leser einer Seminararbeit sich notwendige Ergänzungen von Zitaten selbst zusammensuchen.

Hinweis: Fachbegriffe, die Sie in der Fachliteratur finden und die Sie in Ihre Arbeit übernehmen, werden nicht als Zitate ausgewiesen. Diese gelten als Allgemeingut; eine Übernahme führt nicht zu einem Plagiatvorwurf. Quellenpflichtig sind nur bestimmte, einem Autor/einer Autorin zurechenbare Einsichten und Formulierungen

Sinngemäße Übernahme

Sinngemäße Übernahmen, auch indirekte Zitate genannt, bei denen Sie den Wortlaut von Ausgangstexten verändern können, lassen sich oft leichter in den eigenen Text integrieren als Zitate; denn bei sinngemäßen Übernahmen können Sie Aussagen z. B. auch zusammenfassen oder ihre Reihenfolge ändern. Wenn Sie Gedanken eines anderen Autors/einer anderen Autorin nicht wörtlich, sondern nur dem Sinn nach übernehmen, müssen Sie dies allerdings ebenfalls kenntlich machen.

! **Regeln für die sinngemäße Übernahme**

Beachten Sie bei der sinngemäßen Übernahme folgende Regeln:
- Bei sinngemäßen Übernahmen muss man sich darum bemühen, die Aussage des Textes, auf den man sich bezieht, genau zu treffen. Sinnentstellende Übernahmen sind zu vermeiden.
- Bei sinngemäßen Übernahmen ganzer Passagen ist der Konjunktiv der indirekten Rede zu verwenden.
- Bei der Wiedergabe von indirekten Zitaten in einem Nebensatz mit „dass“ wird der Indikativ verwendet.
- Wird der übernommene Text paraphrasiert (umschrieben), wird der Indikativ benutzt.
- Bei einem „Inspirationsverhältnis“ durch einen anderen Text – Sie übernehmen einen Gedanken – muss die Passage nicht durch den Konjunktiv markiert werden.
- In beiden Fällen steht am Ende der Übernahme eine Fußnote, in der der Bezugstext nachgewiesen wird. Im Gegensatz zum direkten Zitat beginnt der Nachweis mit der Abkürzung „Vgl.“ für „vergleiche“.

Der folgende Text von Thomas Karlauf stammt aus einem Buch über den Dichter Stefan George, in dem u.a. Georges Beschäftigung mit Friedrich Hölderlin betrachtet wird. Gesetzt sei der Fall, dieser Text werde im Zusammenhang mit einer Seminararbeit über die Rezeption Friedrich Hölderlins ausgewertet.

Thomas Karlauf: **Stefan George** (2007)

Das andere große Ereignis des Jahres 1910, das für George von eminenter Bedeutung wurde, war die Erschließung des Hölderlin-Nachlasses durch Norbert von Hellingrath. Mit der Entdeckung der späten Hymnen und der Pindar-Übertragung wurde Hölderlin für George und die Seinen zum „deutlichsten verheisser wort für wort / Der welt die ihr geschaut und schauen werdet“. Die sensationellen Textfunde durch einen jungen Philologen aus dem eigenen Umfeld sicherten George endlich jene bis zu den Griechen zurückreichende Ahnherrnschaft, um die er sich so lange bemüht hatte.

[...]

Und doch ging es um mehr als um bloße Vorläuferschaft. Die Entdeckung eines deutschen Dichters, der hundert Jahre vor ihm aus dem gleichen religiösen Grundvertrauen gelebt hatte, war für George ein Ereignis an sich. In Hölderlins späten Gesängen begegnete ihm zum ersten Mal ein Dichter, der das Göttliche, das ihm in großartigen Gesichten erschienen war, durch hymnische Beschwörung in die Wirklichkeit glaubte überführen zu können. „Unter allen, welche die Bilder und Gesänge der Griechen als das höchste dem Menschen Erreichbare verehrten“, schrieb Max Kommerell 1928, „war allein Hölderlin gläubig genug, um in ihnen die Wirklichkeit von Gewalten zu kennen, die er noch als gegenwärtig verspürte, nach denen er sein Dasein lebte.“ Dichten im Hölderlinschen Sinne hieß, den Einbruch des Göttlichen in die Welt so lange zu singen, bis es sich offenbarte. [...]

Thomas Karlauf: Stefan George.
München: Karl Blessing Verlag 2007, S. 406 ff.

1 **a** Ergänzen Sie die folgenden sinngemäßen Übernahmen aus dem obigen Textbeispiel von Thomas Karlauf mit den angegebenen Verben im Konjunktiv.
b Führen Sie die sinngemäße Übernahme aus dem obigen Textbeispiel fort.

Die Erschließung des Hölderlin-Nachlasses durch Norbert von Hellingrath im Jahr 1910 ________________ *(sein)* *für den Dichter Stefan George ein bedeutendes Ereignis* ________________ *. Norbert von Hellingrath, ein Philologe aus Georges Umfeld, hatte dabei die späten Hymnen und die Pindar-Übertragungen Hölderlins gefunden.*

Mit diesen Texten ________________ *(sich sichern) Stefan George eine bis zu den Griechen zurückreichende Ahnherrnschaft* ________________ *, um die er sich schon lange Zeit* ________________ ________________ *(bemühen).*

Karlauf stellt fest, dass George den Dichter Hölderlin dabei nicht nur als einen seiner Vorläufer ________________ ________________ *(darstellen).* ________________

____

____

____

____

____

____

____

____

Fußnoten erstellen

Fußnoten werden erstellt, um den Fließtext von Unterbrechungen zu entlasten.
Folgende Funktionen der Fußnote lassen sich unterscheiden:

- **Fußnote als Beleg eines Zitats oder einer sinngemäßen Übernahme**
  Sie steht immer direkt im Anschluss an das Zitat bzw. die sinngemäß übernommene Passage und enthält die bibliografischen Angaben sowie die Seitenzahl des Zitats bzw. des Bezugstextes.
- **Fußnote für Querverweise im eigenen Text**
  Sie erscheint, wenn Sie darauf hinweisen möchten, dass ein aktuell angesprochenes Phänomen in Ihrer Arbeit bereits behandelt wurde oder noch behandelt wird: „vgl. Kap. 4".
- **Fußnote zur Klärung von Begriffen**
  Sie steht bei der erstmaligen Verwendung eines wissenschaftlichen Fachterminus.
- **Stellungnahmen zur Sekundärliteratur**
  Beispiel: „Anders als X, der dieses behauptet, glaube ich, dass jenes gilt, weil ..."
- **Erläuterung von Forschungskontroversen**
  Beispiel: „Zu dieser Frage gibt es zwei Grundpositionen. Während X behauptet, dass dieses gilt, meint Y jenes. Ich schließe mich der Auffassung von Y an, weil ...

! **Quellenangaben in Fußnoten**

- Alle **Quellen,** aus denen Sie Formulierungen, Daten oder Gedankengänge für Ihren Text übernehmen, müssen Sie **angeben** – dies gilt für direkte Zitate wie für andere Formen der Wiedergabe. Übernommenes wird im laufenden Text mit einer Fußnotenziffer markiert.
- Die Fuß- oder Endnote enthält Autor/-in, Titel, evtl. die Zeitschrift, aus der der Artikel stammt, sowie Ort und Jahr der Veröffentlichung (→ Regeln des Bibliografierens, S. 62). Zusätzlich wird der **vollständigen bibliografischen Angabe** noch die Nennung der Seite hinzugefügt, auf der das Zitat zu finden ist. Die Seitenangabe steht direkt nach der Nennung des Textes, aus dem Sie zitieren:
  - bei **wissenschaftlichen Einzeldarstellungen** am Ende:
    *Löffler, Sigrid: Wer sagt uns, was wir lesen sollen? London 2003, **S. 13.***
  - bei **Aufsätzen** nach der Nennung der Aufsatzes:
    *Schulz-Buschhaus, Ulrich: Kanonbildung in Europa, **S. 49 f.** In: Literarische Klassik. Hrsg. v. Hans-Joachim Simm. Frankfurt/M. 1988, S. 45–68.*
- Wird auf einen bestimmten Text im Fließtext häufiger verwiesen, sind **Abkürzungen in den Fußnoten** möglich, um die wiederholte Nennung des gesamten Literaturnachweises zu vermeiden. Üblich sind Abkürzungen, bestehend aus dem Nachnamen des Autors/der Autorin und einer aussagekräftigen Kürzung des Titels, mit entsprechender Seitennennung: *Schulz-Buschhaus: Kanonbildung, S. 49 f.* statt: *Schulz-Buschhaus, Ulrich: Kanonbildung in Europa, S. 49 f. In: Literarische Klassik. Hrsg. v. Hans-Joachim Simm. Frankfurt/M. 1988, S. 45–68.*
- Folgen **Bezugnahmen oder Zitate unmittelbar nacheinander,** so ist statt der erneuten Nennung des Titels auch die Abkürzung „ebd." („ebenda") mit Seitenangabe möglich: *ebd., S. 49 f.*
- Wenn auf **zwei aufeinanderfolgende Seiten** Bezug genommen wird, markiert man dies durch die Abkürzung „f." nach der ersten Seitenzahl. Werden mehr als eine, aber höchstens drei Seiten angegeben, steht die Abkürzung „ff." Bei mehr als dreiseitigen Textbelegen müssen die erste und die letzte Seite exakt angegeben werden.

1 Beginnen Sie mit Ihrem eigenen Quellenverzeichnis, indem Sie alle Titel, die Sie bisher für Ihre Arbeit ausgewertet haben, nach den angegebenen Regeln zusammenstellen.

7.3 Ein Quellenverzeichnis anlegen

Am Ende Ihrer Arbeit stellen Sie alle verwendeten Quellen in einem Literaturverzeichnis (Bibliografie) zusammen. Darin weisen Sie die Herkunft von Ihnen verwendeter Texte und Materialien mit möglichst umfassenden Angaben nach.

Ein Quellenverzeichnis
- erlaubt es den Leserinnen und Lesern, Quellen nachzuprüfen,
- ermöglicht es interessierten Leserinnen und Lesern, in den Quellen weitere Informationen zum Thema zu finden,
- versetzt die Leserinnen und Leser in die Lage zu überprüfen, welche Literatur Sie insgesamt verwendet haben (wie breit Sie also recherchiert haben).

! **Regeln des Bibliografierens**

Es gibt verschiedene Modelle für die Erstellung von bibliografischen Angaben. Wenn Sie sich für ein System entschieden oder eine Vorgabe haben, müssen Sie diese Regeln konsequent beibehalten. Die Mischung verschiedener Regelsysteme ist ein grober Fehler. Ein vollständiger bibliografischer Nachweis sieht so aus:

Typ der Quellenangabe	Beispiel (die angegebenen Titel können Sie zur weiterführenden Information nutzen)
Buch: Monografie (ein Autor) Autorenname, Vorname: Titel. Untertitel. Verlagsort Erscheinungsjahr.	*Brauckmann, Werner: Die Facharbeit. Berlin 2001.*
Buch: mehrere Autoren 1. Autorenname, Vorname/2. Autorenname, Vorname: Titel. Untertitel. Verlagsort Erscheinungsjahr.	*Koechlin, Carol/Zwaan, Sandi: Informationen beschaffen, bewerten, benutzen. Basistraining Informationskompetenz. Mülheim an der Ruhr 1998.*
Buch: Sammelband mit Herausgeber(n) Name des Herausgebers, Vorname (Hrsg.): Titel. Untertitel. Verlagsort Erscheinungsjahr.	*Hug, Theo (Hrsg.): Einführung in das wissenschaftliche Arbeiten. Baltmannsweiler 2001.*
Aufsatz aus Sammelband Autorenname, Vorname: Titel. Untertitel. In: Vorname Herausgebername (Hrsg.): Titel. Untertitel. Verlagsort Erscheinungsjahr, Seitenangaben.	*Kiel, Ewald: Grundzüge wissenschaftlichen Zitierens gedruckter Publikationen. In: Theo Hug (Hrsg.): Einführung in das wissenschaftliche Arbeiten. Baltmannweiler 2001, S. 214–221.*
Zeitschriftenaufsatz Autorenname, Vorname: Titel des Aufsatzes. Untertitel. In: Name der Zeitschrift, Nummer/Bandnummer bzw. Jahrgang, Seitenangaben.	*Schultz von Thun, Friedemann: Auch Sie können aus dem Stegreif visualisieren! In: Pädagogik, 10/1994, S. 11–14.*
Zeitungstext Autorenname, Vorname: Titel. Untertitel. In: Zeitungsname, Erscheinungsdatum, Seite.	*Spiewak, Martin: Im Express zum Abitur. Deutsche Schulpolitiker wollen den begabten Nachwuchs künftig stärker fördern. In: DIE ZEIT, 8. März 2001, S. 41.*
Archivfund Bezeichnung des Funds. Name des Archivs. Raum. Magazin, Dokumentnummer.	*Menschlicher Schädelfund 4: Warstein. Städtisches Museum Haus Kupferhammer. Bodenmagazin. Raum C 4 Schrank 3, NR. 489.*
Mündliche Auskunft Autorenname, Vorname: Telefonische Mitteilung, Datumsangabe.	*Mayser, Klaus: Telefonische Mitteilung, 17. Februar 2008.*
Fund aus dem Internet Autorenname, Vorname: Titel. Untertitel. Ausführliche Adresse im Internet. Datum des Abrufs aus dem Internet.	*Zeitgemäß wissenschaftlich arbeiten. Ein „roter Faden" und Fußnoten. http://www.abi.de/200610/pdf/studium.pdf.08.06.2008*
Fremdsprachiger Text Wenn das Thema und die Forschungslage es verlangen, können Sie auch fremdsprachige Literatur verwenden. Der Nachweis dieser Quellen folgt den oben vorgestellten Regeln.	*Gauch, Hugh G., Jr.: Scientific Method in Practice. Cambridge University Press 2003.*

1 Erstellen Sie korrekte Literaturangaben zu folgenden Beispielen.

Rüdiger Safranski

Friedrich Schiller oder Die Erfindung des deutschen Idealismus

Juli 2007
Deutscher Taschenbuchverlag München
Lizenzausgabe mit freundlicher Genehmigung des Carl Hanser Verlags München Wien 2004
© 2004 Carl Hanser Verlag München Wien

Manfred Fuhrmann

Der europäische Bildungskanon des bürgerlichen Zeitalters

Dritte Auflage 2000
© Insel Verlag Frankfurt am Main und Leipzig

Sigmund Freud:
Der Dichter und das Fantasieren

Texte zur Theorie der Autorschaft
Herausgegeben und kommentiert von Fotis Jannidis, Gerhard Lauer, Matias Martinez und Simone Winko

Universal-Bibliothek Nr. 18058
Alle Rechte vorbehalten
© für diese Ausgabe 2000 Philipp Reclam jun. GmbH & Co., Stuttgart

35

! **Das Literaturverzeichnis erstellen**

Um ein Literaturverzeichnis zu erstellen, gehen Sie wie folgt vor:
- Sortieren Sie Ihre Quellen zunächst nach Primär- und Sekundärliteratur.
- Innerhalb dieser Blöcke werden die Quellen alphabetisch nach den Nachnamen der Autoren geordnet. Haben mehrere Autoren denselben Nachnamen, entscheidet der Vorname über die Reihenfolge.
- Nehmen Sie auf mehrere Texte desselben Autors Bezug, so werden die Texte in der chronologischen Reihenfolge ihres Erscheinens aufgeführt. Bei der zweiten Nennung können Sie die Abkürzung „Ders." bzw. „Dies." für „derselbe" bzw. „dieselbe" gebrauchen.

2 Beginnen Sie mit der Erstellung Ihres eigenen Literaturverzeichnisses nach den vorgestellten Regeln.

7.4 Grafiken und andere Visualisierungen einfügen

Visualisierungen sollte man in der Seminararbeit angemessen einsetzen. Man sollte sie nicht zur Auflockerung verwenden oder um Platz zu füllen, sondern nur dann, wenn die Abbildung eine eindeutige inhaltliche Funktion erfüllt. Dies gilt besonders für Fotografien. Fotos sollten nicht persönlichen oder anekdotischen Charakter haben, sondern eine inhaltliche Aussage der Seminararbeit stützen.
Unterscheiden Sie bei der Auswahl von Abbildungen auch zwischen Vorarbeiten und Ergebnissen. Während z.B. Mind-Maps in der Organisations- und Vorbereitungsphase gute Dienste leisten, sollten Ergebnisse in der Arbeit verbalisiert werden. Beachten Sie bei der Verwendung von Visualisierungen daher folgende Punkte:

- Hat die Abbildung eine angemessene Qualität?
- Ist – bei übernommenen Abbildungen – ein Quellennachweis vorhanden?
- Ist die Illustration/Grafik in den Text eingebunden, wird darauf verwiesen?
- Wird mit Informationen aus der Abbildung im Text gearbeitet?
- Erfüllt die Visualisierung eine Funktion, die der Text alleine schlechter wahrnehmen kann? (z.B. Landkarten, Abbildungen, Statistiken)

! **Diagramme für quantitative Informationen**

Ergebnisse empirischer Untersuchungen können in Form von Diagrammen dargestellt werden.
Zur Auswahl stehen z.B.:

Säulendiagramm

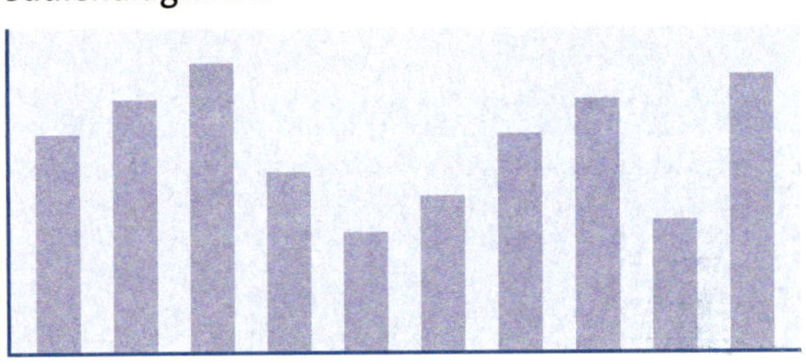

Balkendiagramm

Torten- oder Kreisdiagramm

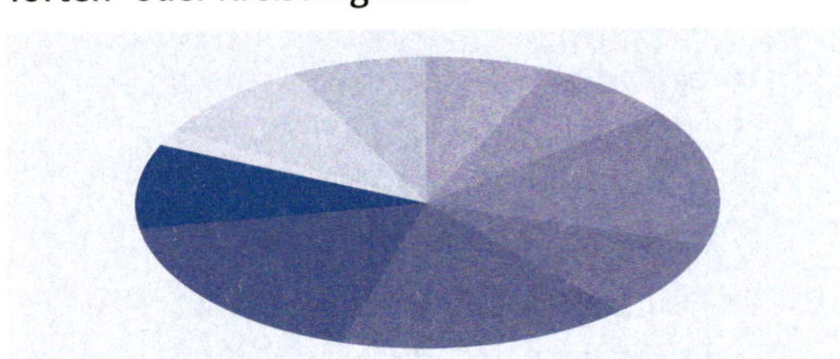

Kurvendiagramm

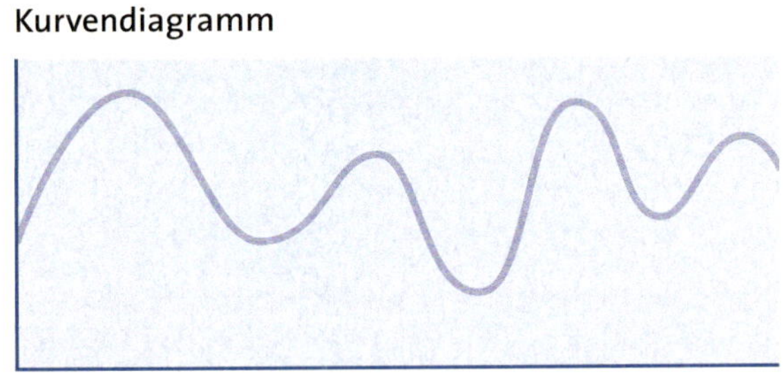

Flächendiagramm

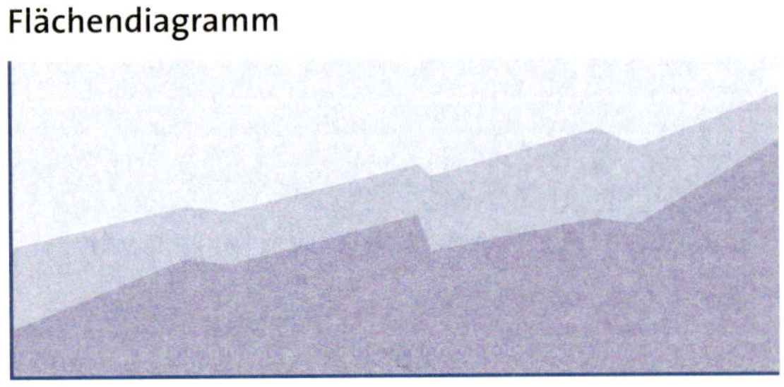

Blasendiagramm

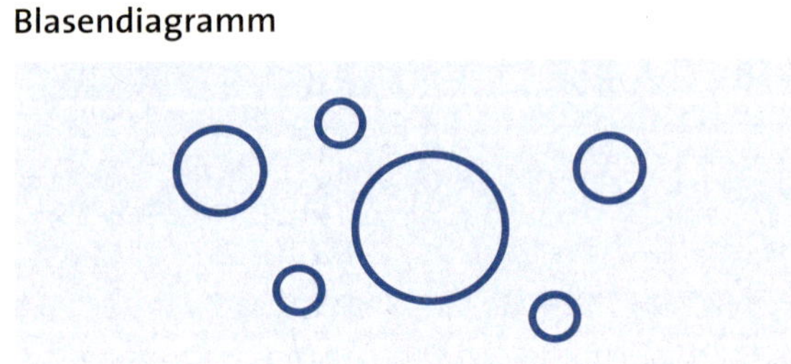

Viele PC-Programme bieten Ihnen Hilfen zur Diagrammerstellung.
Ein Beispiel ist der Diagrammassistent in „Microsoft Excel“.

! **Diagramme zur Darstellung gedanklicher Zusammenhänge sowie grafische Darstellungsformen**

Andere Diagrammformen eignen sich dazu, qualitative Aussagen strukturiert und übersichtlich zu präsentieren. Sie können wählen zwischen folgenden Formen:

Zweigdiagramm

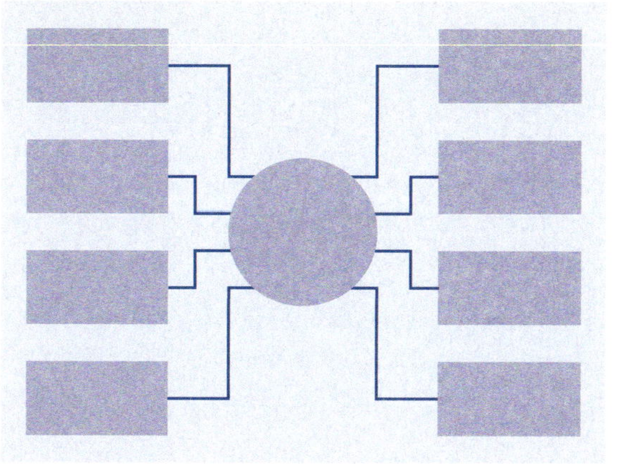

Netzdiagramm

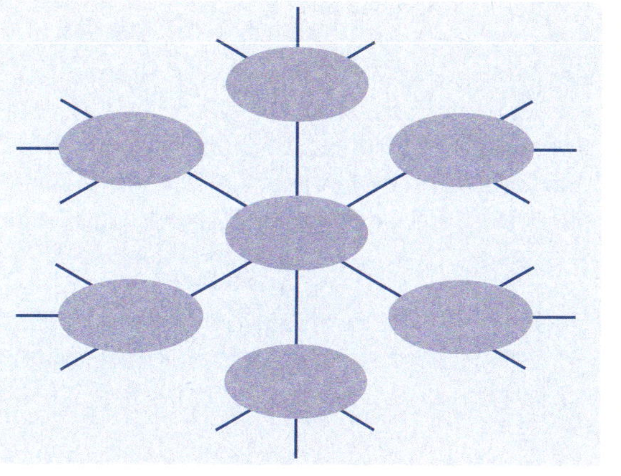

Baumdiagramm

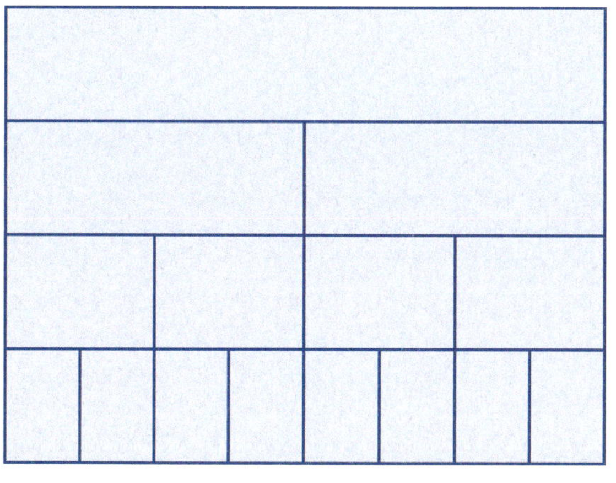

Flussdiagramm

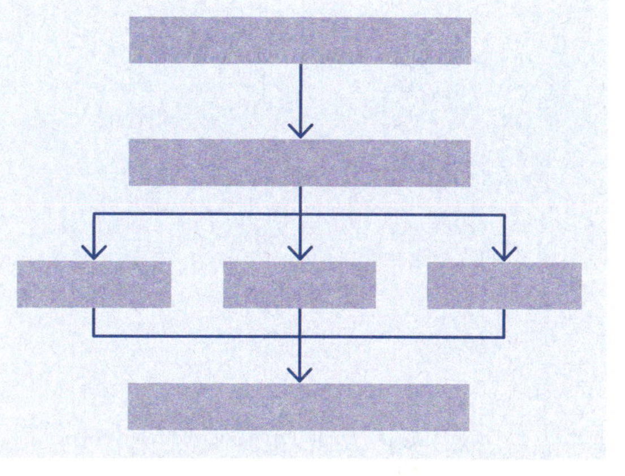

Grafische Darstellungsweisen

Grafiken sind in der Gestaltung sicherlich etwas aufwändiger als Diagramme. Nutzen Sie evtl. auch die folgenden Möglichkeiten, um Befunde Ihrer Seminararbeit zu visualisieren.

Schnittmengengrafik

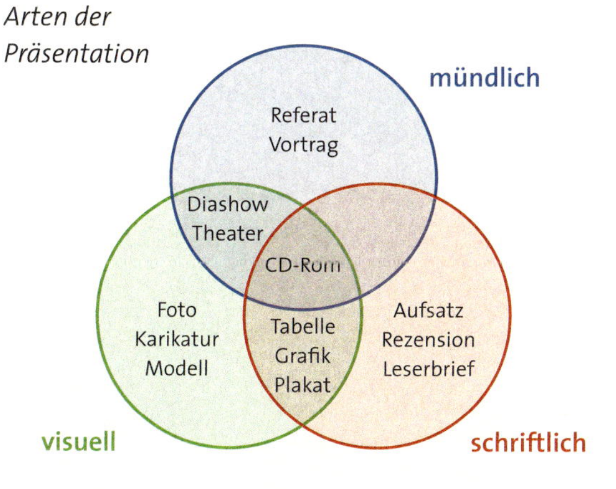

Zahlenbild

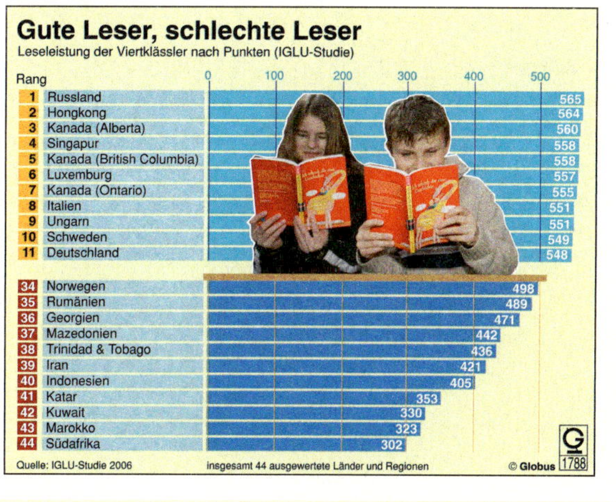

1 Prüfen Sie Ihre Seminararbeit daraufhin, ob Visualisierungen sinnvoll eingesetzt werden können. Falls ja, wählen Sie jeweils angemessene Formen der Darstellung.

7.5 Beratungsgespräche führen

Nutzen Sie Beratungsgespräche, um Ihre Arbeit zu kontrollieren. Scheuen Sie sich nicht, weitere Gespräche zu vereinbaren, wenn Sie bestimmte Probleme nicht lösen können. Bereiten Sie – egal, ob Pflichttermin oder freiwillige Beratung – die Gespräche akribisch vor.

! **Ein Beratungsgespräch vorbereiten**

- Notieren Sie während der Arbeit an Ihrer Seminararbeit offene Fragen.
- Gehen Sie am Tag vor der Besprechung noch einmal alle Fragen durch. Streichen Sie alles, was sich inzwischen erledigt hat, und alles, was Sie selbst herausfinden können.
- Versuchen Sie, die verbliebenen Fragen systematisch und nach Wichtigkeit zu sortieren.
- Nehmen Sie Ihren Fragenkatalog mit in die Besprechung.

Beratungsgespräche werden meistens protokolliert. Es handelt sich dabei um ein Ergebnisprotokoll, das den formalen Vorgaben für das Schreiben von Protokollen folgt und in die Bewertung eingehen kann.

Machen Sie sich schon während des Gesprächs dafür Notizen. Dabei sollten Sie
- Gehörtes auf Stichworte und Halbsätze reduzieren;
- Ergebnisse und Abmachungen genau festhalten;
- geeignete Abkürzungen, Zeichen und Markierungen verwenden.

Ihre Mitschrift dient als Gedächtnisstütze, wenn Sie das Protokoll verfassen.

Beispiel für den Aufbau eines Protokolls:

(Name der Schule)

Protokoll über (Nr. und Titel der Sitzung)

(Titel des Seminarfachs, evtl. der Seminararbeit)

(Datum)

(Raum)

Anwesend:

Tagesordnung:

1.
2.
3.

usw.

zu 1.

zu 2.

zu 3.

usw.

Unterschrift Lehrkraft *Unterschrift Schüler/in*

1 **a** Machen Sie sich während des Gesprächs mit Ihrer Seminarlehrerin bzw. Ihrem Seminarlehrer Notizen.
b Verfassen Sie nach den Beratungsgesprächen Protokolle nach dem obigen Muster.

7.6 Den Text überarbeiten

Die Überarbeitung des Textes sollte nicht erst am Ende des Schreibens stehen, sondern als ständige Kontrolle in den Arbeitsprozess eingebaut werden.

! **Den Text überarbeiten**

Wiederlesen
- Lesen Sie das, was Sie zuletzt geschrieben haben, zu Beginn der nächsten Sitzung noch einmal durch.
- Lesen Sie die Passage, an der Sie weiterarbeiten wollen, noch einmal durch. Korrigieren Sie dabei Fehler. Beginnen Sie nicht jedes Mal ganz von vorne.
- Reservieren Sie für das Wiederlesen eine feste Arbeitszeit (z. B. 15 Minuten), die Sie nicht überschreiten.

Zwischenbilanzen
- Überprüfen Sie, ob Sie Ihren Arbeitsplan einhalten, und passen Sie die Planung gegebenenfalls an.
- Überprüfen Sie mit einem Blick auf Ihr Exposé und die Gliederung, ob Sie noch zu den Aspekten schreiben, die Sie untersuchen wollten. Erfüllt das abgeschlossene Kapitel seine Funktion innerhalb der ganzen Arbeit? Beschäftigen Sie sich noch mit der gewählten Fragestellung?
- Wenn Sie Abweichungen von der Fragestellung bemerken, müssen Sie die Gründe dafür suchen. Ändern Sie entsprechend entweder Ihre Arbeitsweise oder passen Sie Ihre Zielvorgaben an. Holen Sie sich im Zweifelsfalle Rat!

Schlusskorrektur
- Lesen Sie vor der Abgabe genau Korrektur, denn der Anspruch an die inhaltliche und formale Richtigkeit einer Seminararbeit ist hoch.
- Die Grundvoraussetzung für eine erfolgreiche Korrektur ist ausreichende Distanz zum Text: Schlafen Sie ein paar Nächte darüber, bevor Sie sich Ihre Arbeit wieder vornehmen.
- Setzen Sie vor allem für die Korrektur von Sprache und Rechtschreibung auch andere Leser ein.

Die auf der nächsten Seite vorgestellten Beurteilungskriterien für eine Seminararbeit können Ihnen als Checkliste für die eigene Überarbeitung dienen. Die Kriterien werden auch bei der Beurteilung eine Rolle spielen, die Ihr Seminarlehrer bzw. Ihre Seminarlehrerin vornimmt. In den Beratungsgesprächen haben Sie sicher festgestellt, worauf er bzw. sie besonderen Wert legt.

1 Notieren Sie, auf welche Beurteilungskriterien für eine Seminararbeit Ihr Seminarlehrer bzw. Ihre Seminarlehrerin besonders viel Wert legt.

____

____

____

____

____

____

____

____

2 Schauen Sie die folgende Liste (→ S. 68) durch und nutzen Sie die Tabelle sowie Ihre Notizen aus Aufgabe 1 dann als Checkliste für eine gründliche Kontrolle Ihrer Arbeit.

Sachbereiche	Bewertungskriterium	Befund
Formales	Hält sich die Arbeit an die vorgegebene Länge?	
	Ist die Arbeit hinsichtlich Schriftbild, Grobgliederung und Seitenzählung sorgfältig?	
	Sind Vereinbarungen zur Feingliederung (Klassifikation, Fettung usw.) eingehalten worden?	
	Sind Lay-out-Vorgaben eingehalten worden?	
Sprache	Ist die Arbeit in einem angemessenen Stil verfasst? (→ S. 55)	
	Ist die Arbeit sprachlich richtig (Grammatik, wissenschaftlicher Stil)? (→ S. 55)	
	Ist die Arbeit orthografisch richtig?	
Verbindung zum Rahmenthema	Wird der Bezug der Seminararbeit zum Rahmenthema deutlich? (Einbettung in gemeinsame Fragestellung, Berücksichtigung gemeinsam erarbeiteter Inhalte, Querverweise auf andere Themen)	
wissenschaftliches Arbeiten	Entspricht die Themenstellung der Arbeit den Vereinbarungen?	
	Werden Fragestellung und gewählte Methode dargestellt und reflektiert?	
	Wird die fachliche Diskussion zum Thema angemessen berücksichtigt?	
	Wird Fachsprache sinnvoll und definiert verwendet?	
	Wurden Informationen zielgerichtet ausgewählt?	
	Sind Zitate und Verweise formal korrekt? (→ S. 57–61)	
	Wird zwischen Faktendarstellung, der Wiedergabe von Fremdpositionen und eigener Auffassung sachgerecht unterschieden?	
	Wird das Ergebnis der Arbeit prägnant zusammengefasst?	
	Liegt ein fachgerechtes Quellen- und Literaturverzeichnis vor? (→ S. 62 f.)	
inhaltlicher Ertrag	Verfügt die Arbeit über eine Fragestellung?	
	Wird die Fragestellung beantwortet?	
	Ist der Weg zu dieser Antwort argumentativ und logisch einsichtig?	
	Wird der Sachverhalt differenziert und hinreichend komplex dargestellt?	
	Liegt der Arbeit ausreichend Material zu Grunde?	
	Wurde das Material ausreichend ausgewertet?	
	Ist die Auseinandersetzung mit dem Material strukturiert?	

7.7 Die Endfassung erstellen

1 Für jede wissenschaftliche Arbeit gelten bestimmte formale Vorgaben. Zusätzlich zu diesen können noch schulinterne Regelungen hinzutreten. Ergänzen Sie diese in der folgenden Übersicht.

2 Überprüfen Sie mit Hilfe der folgenden Checkliste, ob Ihre Arbeit den formalen Vorgaben genügt.

Checkliste der formalen Anforderungen			
	Anforderung	**üblich**	**an meiner Schule**
Grundsätzliches	Schreibweise	am PC	
	Format	DIN A4 einseitig beschrieben	
	Länge	max. 15 Textseiten	
	Ränder	oben 2,5 cm unten 2 cm links 2,5 cm rechts 3,5 cm	
	Heftung	Schnellhefter oder Klebebindung	
Lay-out	Überschriften	gefettet	
	Hervorhebungen	kursiv oder unterstrichen	
	Satz	Blocksatz	
	Schriftart, -größe	Times New Roman 12 p, Arial 11 p oder Verdana 11 p	
	Zeilenabstand	1,5	
Seitenzählung	Titelblatt	zählt als Seite 1, wird nicht nummeriert	
	Inhaltsverzeichnis	zählt als Seite 2, wird nicht nummeriert	
	folgende Textseiten	jeweils unten rechts nummeriert, beginnend mit 3	
	Zusatzmaterial	in die Seitenzählung eingebunden	
	Anhang	in die Seitenzählung einbezogen, aber deutlich abgegrenzt	
	Quellen-/Literaturverzeichnis	vorletzte nummerierte Seite	
	Selbstständigkeitserklärung	letzte nummerierte Seite	
Inhaltsverzeichnis	Gliederungstyp	numerisches Zahlensystem mit max. drei Gliederungsebenen (1.1.1) oder Buchstaben-Ziffern-System	
	Formulierung	nominalisierte Wendungen	
Titelblatt	Schule	Name und Adresse	
	Rahmen	Rahmenthema, Arbeitsperiode, Betreuungslehrer bzw. -lehrerin	
	Titel	vereinbarte Titelformulierung, ggf. Untertitel	
	Name	Vorname, Name, Adresse	
	Datum	tatsachliches Abgabedatum der Arbeit	

3 Wenn Sie die einzelnen Elemente Ihrer Seminararbeit fertig gestellt haben, geht es darum, eine sinnvolle Anordnung der Teile zu finden. Sie können sich an den folgenden Vorschlägen orientieren. Klären Sie aber vorher, ob Ihre Schule andere Vorgaben macht.

Teil der Arbeit	Elemente, die dort untergebracht werden können	Bemerkungen
Einleitungsteil	– Titelblatt	– Das Titelblatt kann über die in der Checkliste der formalen Anforderungen (→S. 69) genannten Sachverhalte hinaus auch Namen und Adresse der Schule und den Namen des Betreuers/der Betreuerin der Arbeit enthalten.
	– Inhaltsverzeichnis	– Das Inhaltsverzeichnis beginnt auf dem zweiten Blatt der Arbeit und kann evtl. einen Teil der Seite 3 in Anspruch nehmen. Die jeweiligen Restseiten bleiben frei.
	– Einleitung	
Hauptteil	– alle beschreibenden und analysierenden Ausführungen; evtl. wichtige Auszüge aus Dokumenten, Interviews usw. – evtl. ausgewähltes Bildmaterial – wichtige Tabellen oder sonstige grafische Aufarbeitungen	Der Fließtext des Hauptteils sollte nicht durch zu umfangreiche Zitate bzw. Bild- oder Textdokumentationen unterbrochen werden. Konzentrieren Sie das Zitatmaterial auf kürzere Auszüge. Alles, was Sie wichtig finden, im Fließtext aber nicht unterbringen können, gehört in den Anhang (s. u.). Auch Bilder, Tabellen usw. sollten eher sparsam verwendet werden; sie können auf keinen Fall sprachliche Darstellungen ersetzen. Verwenden Sie Bilder in Ihrer Facharbeit nicht – wie in vielen Printmedien üblich – zu rein illustrativen Zwecken. Ein Bild sollte eine für die Arbeit wichtige Aussage beinhalten, sonst kann es entfallen.
Schluss	– wertende Aussagen – Resümee zum Ertrag der Arbeit	
Anhang	– Dokumente aller Art (Interviews in vollem Wortlaut, wichtige Dokumente, Bildmaterial)	– Während Sie in den Fließtext des Hauptteils nur wichtige und kürzere Auszüge aus Textdokumenten oder Interviews einbauen können, sollte der volle Wortlaut von Interviews, die Sie geführt haben, im Anhang präsentiert werden. Das Gleiche gilt für komplette Textdokumente. Auch Bildmaterial, auf das Sie Bezug genommen haben und das im Hauptteil nicht untergebracht werden konnte, sollten Sie hier dokumentieren. Verzichten Sie allerdings darauf, z. B. ganze Zeitschriften oder sonstige umfangreichere Druckwerke in den Anhang aufzunehmen!
	– evtl. Internet-Materialien	Da die Prüfung von Internettexten an der Quelle meist schwierig – und nach einiger Zeit manchmal gar nicht mehr möglich ist, bestehen viele Fachlehrer/innen darauf, dass verwendete Internetquellen komplett ausgedruckt und im Anhang dokumentiert werden.
	– Quellen-/Literaturverzeichnis	– Wenn Sie in Ihrem Verzeichnis nur Druckwerke aufgeführt haben, passt die Bezeichnung „Literaturverzeichnis", falls Sie jedoch z. B. auch Bildquellen angeben müssen, wählen Sie besser die Bezeichnung „Quellenverzeichnis". Sie können Ihr Verzeichnis dann in „a) Literaturverzeichnis" und „b) Bildquellenverzeichnis" untergliedern. Prüfen Sie an dieser Stelle noch einmal, ob Sie in Ihrem Literatur- bzw. Quellenverzeichnis alle im Fließtext verwendeten Titel tatsächlich aufgeführt haben! Einem umfangreichen Anhang können Sie evtl. ein gesondertes Inhaltsverzeichnis voranstellen.
	– Selbstständigkeitserklärung	

8 Die Arbeit präsentieren

Die Präsentation der Arbeit und das Gespräch darüber gehören zum Spektrum der Leistungen, die Sie im wissenschaftspropädeutischen Seminar erbringen. Sie wird mit einem Viertel der insgesamt zu vergebenden Bewertungseinheiten bewertet und ist eine vornehmlich mündliche Leistung. Zusammengesetzt ist sie aus einer Vorstellung der Ergebnisse und einem anschließenden Gespräch. Die Präsentation dient auch als Nachweis, dass Sie Ihre Seminararbeit eigenständig verfasst haben. Nicht zuletzt aber stellen Sie damit Ihre Ergebnisse den anderen Teilnehmerinnen und Teilnehmern des Seminarfachs (und evtl. sogar einer größeren Öffentlichkeit) vor. Auf diese Weise kommt auch die gemeinsame Beschäftigung mit dem Rahmenthema zu einem inhaltlichen Abschluss.

8.1 Rahmenbedingungen der Präsentation klären

Die Gestaltung der Präsentation liegt im Ermessen der Schule, evtl. ergibt sich sogar Gestaltungsspielraum für das einzelne Seminar. Mögliche Präsentationsformen sind:

- Einzelreferate mit/ohne Publikum von außen
- Podiumsdiskussion mit/ohne Publikum von außen
- Ausstellung mit Führung
- Gesprächsphase als Prüfungsgespräch zwischen Schüler/in und Lehrer/in
- Gesprächsphase als Gesprächsrunde des Gesamtseminars

1 Sprechen Sie in Ihrem Seminar über Gestaltungsmöglichkeiten für die Abschlusspräsentation.

2 Sammeln Sie in Ihren Kursunterlagen über die oben aufgezählten Präsentationsformen hinaus weitere Möglichkeiten, die Ergebnisse vorzustellen, und zeigen Sie damit verbundene Vor- und Nachteile auf.

3 Bringen Sie alle Regelungen für die Präsentation in Erfahrung und notieren Sie diese in der Übersicht.

Form der Abschlusspräsentation	____________________ ____________________
Teilnehmerinnen und Teilnehmer an der Abschlusspräsentation	____________________ ____________________
zeitlicher Rahmen des Vortrags	____________________ ____________________
Präsentationsmedium	____________________ ____________________
Form des anschließenden Gesprächs	____________________ ____________________
Dauer des anschließenden Gesprächs	____________________ ____________________

8.2 Den Inhalt der Präsentation festlegen

1 Die Ergebnispräsentation weist im Verhältnis zu einem traditionellen Schulreferat mehrere Besonderheiten auf, die Sie bei der Vorbereitung bedenken müssen. Lesen Sie die folgenden Informationen und ergänzen Sie Beispiele aus Ihrer Seminararbeit.

Sie haben das Thema besonders intensiv bearbeitet und kennen sich sehr gut aus.

Gefahr: Sie konzentrieren sich nicht auf das Wesentliche.
- Beschränken Sie sich auf die wichtigsten Befunde der Arbeit. Angesichts einer kurzen Redezeit können Sie in der Regel nur etwa drei Ergebnisse ausführlicher würdigen.
- Erzählen Sie zur Vorbereitung Bekannten oder Verwandten in einfachen Worten, was Sie herausgefunden haben.

Meine Ergebnisse: ______________________

____

____

____

Sie haben einen langen Arbeitsprozess hinter sich.

Gefahr: Sie berichten vom Arbeitsprozess statt vom Ergebnis.
- In der Abschlusspräsentation erläutern Sie die Ergebnisse der Arbeit und stellen nicht dar, wie Sie dazu gekommen sind.
- Vermeiden Sie Formulierungen wie „Im ersten Kapitel zeige ich ...“ oder „Ich habe zunächst ...“ Besser: „Mein erstes Ergebnis lautet ...“ oder „Auf diese Frage gibt es drei Antworten: ...“

Meine Formulierung für den ersten Satz im Hauptteil der Präsentation:

____

____

____

Sie sprechen vor einem Expertenpublikum – es sei denn, die Öffentlichkeit ist anwesend. Beides hat Auswirkungen auf das Referat.

Gefahr: Sie setzen zu viel oder zu wenig Wissen voraus.
- Klären Sie, wie Sie mit Ergebnissen umgehen, die die Grundlage mehrerer Arbeiten innerhalb Ihres Seminars bilden.
- Überlegen Sie genau, welche Informationen die Mitschüler kennen, um Entsprechendes wegzulassen oder zu erklären.

Ich kann weglassen: ______________________

____

____

Ich muss erklären: ______________________

____

____

8.3 Eine Präsentation sinnvoll aufbauen

1 Jedes gelungene Referat folgt einem ähnlichen Schema. Betrachten Sie die Übersicht und notieren Sie Ideen für die Umsetzung Ihrer eigenen Präsentation.

Eröffnung	**Beispiel:** Präsentieren Sie einen Vorschlag für einen Kanon literarischer Texte – z. B. den einer Expertin oder den eines Prominenten. Fragen Sie das Publikum, welche der Texte bekannt sind und ob der Kanon überzeugend erscheint.
Thema/These	**Beispiel:** Es gibt keinen Kanon mehr, und alle Versuche, ihn erneut aufzustellen, sind gescheitert. Das ist der zentrale Befund meiner Seminararbeit. Ich möchte euch heute Gründe für diese These vorlegen.
Argumentation in mehreren (meist drei) Schritten	**Beispiel:** Zunächst will ich euch Marcel Reich-Ranickis großes Kanonprojekt vorstellen.
Zusammenfassung	**Beispiel:** Ich denke, es dürfte hinreichend deutlich geworden sein, warum die Idee des Kanons nicht mehr funktioniert. 1. … 2. … 3. …
Ausstieg	**Beispiel:** Vielleicht werden die Bedingungen eines Tages wieder mehr Verbindlichkeit fördern. Bis dahin aber gilt: Lies doch, was du willst.

8.4 Zuhörerorientiert präsentieren

Verdeutlichen Sie sich bei der Vorbereitung und während des Vortrags genau, was Sie mit Ihrer Präsentation erreichen wollen: Sie möchten Ihr Publikum von Ihrer Hauptthese oder Teilergebnissen überzeugen.

Sorgen Sie schon am Anfang Ihrer Präsentation für Motivation der Zuhörerinnen und Zuhörer. Der beste Anfang ergibt sich aus Ihrem Thema; allgemeine Einleitungsformeln („Ich spreche heute über …") sind demgegenüber nur zweite Wahl. Halten Sie Ihren Einstieg knapp und kommen Sie bald zur Sache.
Sorgen Sie dafür, dass Ihre Zuhörerinnen und Zuhörer die Struktur Ihres Vortrags präsent haben und jederzeit wissen, worüber Sie gerade sprechen. Man kann den Aufbau der gesamten Präsentation zu Beginn vorstellen – jedenfalls sollte man während des Vortrags „Wegweiser" anbringen und diese bereits zu Hause vorbereiten: Kündigen Sie neue Gliederungspunkte an und schließen Sie umfangreichere Gliederungspunkte mit einer knappen Zusammenfassung ab.
Vermeiden Sie nicht erläuterte Fachbegriffe und unnötige Fremdwörter sowie zu lange, verschachtelte Sätze. Bevorzugen Sie kurze Sätze.
Wenn Sie Ihren Vortrag ganz frei halten, ergeben sich notwendige Sprechpausen, die für die Zuhörerinnen und Zuhörer Pausen zum Mitdenken sind, und eine langsame Sprechgeschwindigkeit von selbst. Wenn Sie sich auf ein Manuskript stützen, müssen Sie auf die Sprechgeschwindigkeit und die Pausen besonders achten. Dabei sollten Sie in Sprechpausen Blickkontakt zu den Zuhörerinnen und Zuhörern aufnehmen, um Reaktionen wahrnehmen und gegebenenfalls darauf eingehen zu können.

1 Betrachten Sie das Schaubild und übernehmen Sie möglichst viele Hinweise für Ihr eigenes Referat.

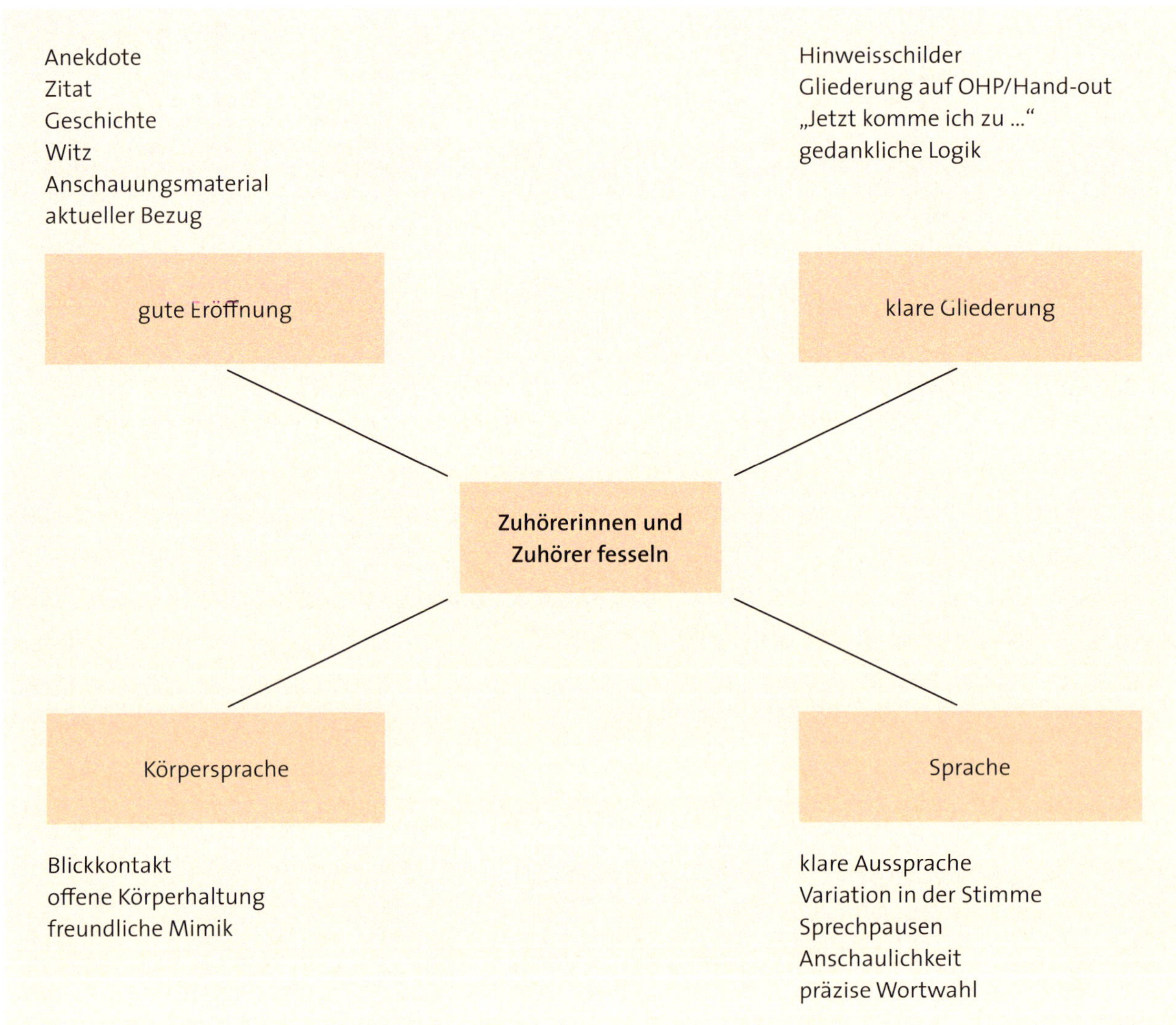

8.5 Veranschaulichungen einsetzen

1 Bringen Sie genau in Erfahrung, welche Form der Visualisierung und Veranschaulichung in Ihrem Seminar erwünscht ist. Ergänzen Sie dies in der Übersicht.

	ja / wie viel	nein
Gliederung	☐ ______	☐
Thesenpapier/Hand-out	☐ ______	☐
Bibliografie	☐ ______	☐
Bilder	☐ ______	☐
Grafiken/Schaubilder	☐ ______	☐
weitere Texte	☐ ______	☐
weiteres Anschauungsmaterial	☐ ______	☐
______	☐ ______	☐
______	☐ ______	☐

Eine Präsentation braucht grundsätzlich mehr Visualisierungen als ein Text. Mit optischen Hinweisen helfen Sie den Zuhörerinnen und Zuhörern, Ihre Aussagen besser zu verstehen. Achten Sie aber darauf, dass die Visualisierung immer einen genau definierbaren Zweck erfüllt und nicht nur der Illustration dient.

- Hat die Visualisierung eine angemessene Qualität (Technik, Ästhetik)?
- Ist die Illustration/Grafik/Visualisierung in das Referat eingebunden, wird darauf verwiesen?
- Wird mit Informationen aus der Visualisierung im Referat gearbeitet?
- Erfüllt die Visualisierung eine Funktion, die das Referat alleine schlechter wahrnehmen kann?

!

Umgang mit Visualisierungen

Der Umgang mit Visualisierungen in einer Präsentation muss geübt und der Ablauf genau bedacht werden:

- **Ankündigen:** Weisen Sie die Zuhörerinnen und Zuhörer ausdrücklich darauf hin, wenn Sie etwas mit einer Grafik o. Ä. veranschaulichen wollen („Ein Zusammenhang, der besonders an folgender Grafik deutlich wird ...“).
- **Zeigen:** Weisen Sie mit der Maus oder mit einem Zeigestock auf das im Bild zu Betrachtende. Vermeiden Sie „Kängurusprünge“ an der Projektionsfläche.
- **Erklären:** Erläutern Sie knapp, was man sehen kann („Hier sind die Schnittmengen der in den letzten 50 Jahren vorgebrachten Kanonvorschläge dargestellt, links in Prozent ...“).
- **Deuten:** Begründen Sie inhaltlich, warum Sie die Visualisierung einsetzen („Ihr seht – man ist sich nur in einem kleinen Zentralbereich einig ...“).
- **Zusammenfassen:** Stellen Sie den zentralen Befund Ihrer Visualisierung noch einmal plakativ dar („Was heißt das nun? Es gibt keinen verbindlichen Kanon mehr.“).

8.6 Mit Lampenfieber umgehen

Viele Referenten fürchten sich vor Pannen beim Referat und leiden deshalb unter Lampenfieber, was eine optimale Leistung verhindert.

1 **a** Lesen Sie die folgende Aufzählung peinlicher Situationen und ergänzen Sie gegebenenfalls weitere Situationen, die Ihnen Lampenfieber bereiten.
b Lesen Sie, welche Auswege angeboten werden. Ergänzen Sie weitere Tipps.
c Spielen Sie einzelne Situationen in Ihrer Fantasie so lange durch, bis sie Ihnen keine Sorge mehr bereiten.

Situation	Ausweg
Sie finden nicht das richtige Wort.	– Sprechen Sie Ihr Problem aus: „Mir fällt gerade der passende Begriff nicht ein.“ – Formulieren Sie Ihren Gedanken um: „Man könnte auch anders sagen: ...“ __________ __________
Sie haben Schwierigkeiten im Umgang mit der Technik.	– Probieren Sie technische Geräte vor der Präsentation aus. – Halten Sie Kontakt zu den Zuhörerinnen und Zuhörern, während Sie versuchen, den Fehler zu beheben. – Halten Sie bei risikoreicher Technik (Computerpräsentation) eine Ersatzmöglichkeit (OHP-Folien) bereit. __________ __________
Sie verlieren den Faden.	– Wiederholen Sie den letzten Gedanken. – Fassen Sie das bisher Gesagte zusammen. – Ziehen Sie Ihre Notizen zu Rate. __________ __________
Sie versprechen sich.	– Macht nichts. Machen Sie einfach weiter. __________ __________
Sie formulieren zu umständlich.	– Beginnen Sie den Satz neu: „Man könnte das auch einfacher/treffender/besser formulieren: ...“ __________ __________
__________ __________	__________ __________
__________ __________	__________ __________

8.7 Fragen beantworten, eine Diskussion moderieren

Auch die Art und Weise der Fragerunde nach der Präsentation ist nicht zentral festgelegt. Je nach Form dieser Fragerunde müssen Sie mit unterschiedlichen Anforderungen rechnen.

! **Die Fragerunde**

Gestaltung als Prüfungsgespräch

Kennzeichen

- Nur die Seminarfachlehrerin bzw. der Seminarfachlehrer darf Fragen stellen.
- Neben Fragen zum Inhalt der Seminararbeit sollten Sie auch mit Nachfragen zum gesamten Seminar und der Verbindung Ihrer Arbeit zum Rahmenthema rechnen.

Vorbereitung

- Sprechen Sie mit Ihrem Betreuer vor der Präsentation darüber, welchen Eindruck die Arbeit auf ihn gemacht hat. Bringen Sie in Erfahrung, in welchen Bereichen er Klärungsbedarf sieht. Klären Sie solche Stellen in der Präsentation und bereiten Sie sich auf Rückfragen dazu besonders gründlich vor.
- Prüfen Sie Ihr Referat im Hinblick darauf, ob es zu Rückfragen einlädt. Bereiten Sie Stellen, die in der Seminararbeit nur oberflächlich ausgeführt wurden, ebenso gründlich vor wie zentrale Thesen.
- Machen Sie sich bewusst, welchen Beitrag Ihre Seminararbeit zum Rahmenthema leistet, und formulieren Sie diesen Bezug thesenhaft aus.

Gestaltung als Gesprächsrunde

Kennzeichen

- Die gesamte Lerngruppe und die Seminarfachlehrerin bzw. der Seminarfachlehrer dürfen Fragen und Beiträge formulieren.
- Rechnen Sie mit sachlichen Nachfragen zu fachlichen Aspekten Ihrer Präsentation sowie mit Fragen zu Querverbindungen zwischen den Arbeiten.

Vorbereitung

- Beachten Sie die oben gegebenen Hinweise zur Vorbereitung eines Prüfungsgesprächs.
- Gehen Sie die Liste mit allen vergebenen Seminararbeitsthemen durch. Prüfen Sie, zu welchen Arbeiten Querverbindungen bestehen. Aus welcher Richtung könnten sich deshalb Fragen ergeben?

Gestaltung als Diskussionsrunde

Kennzeichen

- Die gesamte Lerngruppe diskutiert über die Ergebnisse der Arbeit.
- Der Referent moderiert die Diskussion.

Vorbereitung

- Bereiten Sie mehrere Diskussionsfragen vor, mit denen Sie eine Diskussion initiieren oder einen abgerissenen Gesprächsfaden wieder aufnehmen können. Halten Sie für solche Fälle evtl. auch weiteres Anschauungsmaterial bereit.
- Bereiten Sie Moderationstechniken vor. Vgl. dazu auch S. 78.

1 Informieren Sie sich über die Art und Weise der Fragerunde und notieren Sie, worauf Sie in der Vorbereitung besonders achten müssen.

Moderieren

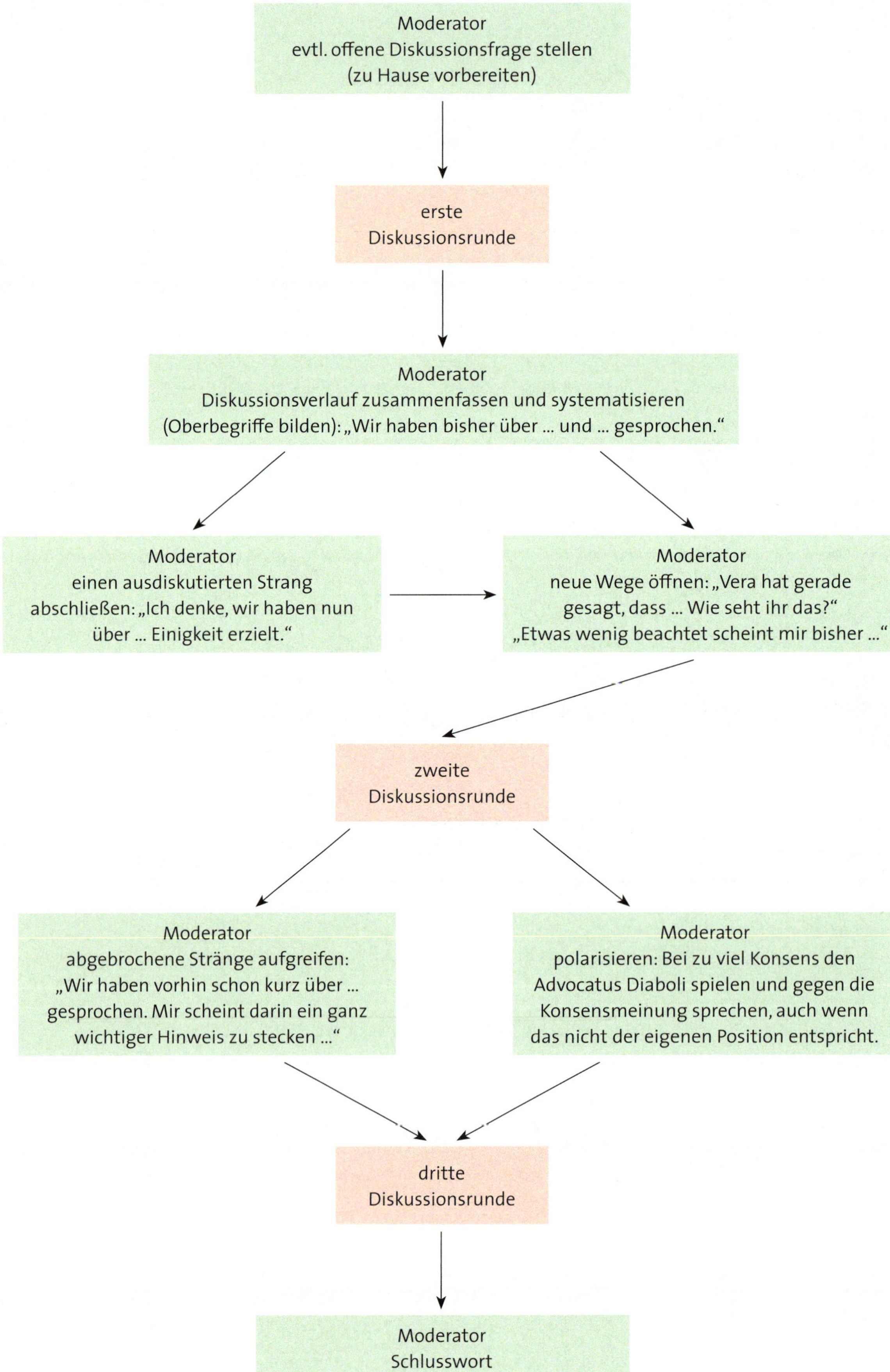
Moderator
evtl. offene Diskussionsfrage stellen
(zu Hause vorbereiten)
erste
Diskussionsrunde
Moderator
Diskussionsverlauf zusammenfassen und systematisieren
(Oberbegriffe bilden): „Wir haben bisher über ... und ... gesprochen."
Moderator
einen ausdiskutierten Strang
abschließen: „Ich denke, wir haben nun
über ... Einigkeit erzielt."
Moderator
neue Wege öffnen: „Vera hat gerade
gesagt, dass ... Wie seht ihr das?"
„Etwas wenig beachtet scheint mir bisher ..."
zweite
Diskussionsrunde
Moderator
abgebrochene Stränge aufgreifen:
„Wir haben vorhin schon kurz über ...
gesprochen. Mir scheint darin ein ganz
wichtiger Hinweis zu stecken ..."
Moderator
polarisieren: Bei zu viel Konsens den
Advocatus Diaboli spielen und gegen die
Konsensmeinung sprechen, auch wenn
das nicht der eigenen Position entspricht.
dritte
Diskussionsrunde
Moderator
Schlusswort

8.8 Die Präsentation bewerten

1 Der Leitfaden für das W-Seminar in Bayern schlägt den folgenden Bewertungsbogen für die Beurteilung einer Präsentation vor. Gehen Sie das Beispiel durch und erarbeiten Sie in Ihrem Seminarfach einen differenzierteren Bewertungsbogen.

Bewertung der Präsentation

Seminarfach: ______________________ Lehrkraft: ______________________

Schüler(in): ______________________

Rahmenthema des Seminars: ____

Thema der Präsentation: ____

____

Beurteilungsbereiche	Kriterien	BE erreicht/erreichbar
Inhalt und Aufbau (50 %)	– Erfassung des Themas und Gewichtung der Teilbereiche	/3
	– inhaltliche Strukturierung	/2
	– sachliche Richtigkeit	/3
	– Ergebnissicherung (Hand-out, Bibliografie usw.)	/2
Darbietung (50 %)	– Einstieg	/2
	– Klarheit der Darstellung, sprachliche Gewandtheit	/4
	– Lebendigkeit des Vortrags und Reaktion auf Fragen	/2
	– Auswahl der Präsentationsmittel und Beherrschung der Präsentationsmedien	/2
	Summe	/20

Notenschlüssel:

BE	20	19	18	17	16	15	14	13	12	11	10	9	7–8	6	4–5	0–3
Note		1			2			3			4			5		6
Punkte	15	14	13	12	11	10	9	8	7	6	5	4	3	2	1	0

Notenpunkte: ______________________ Note: ______________________

Datum: ______________________

Unterschrift der Lehrkraft: ______________________

Sachregister

Deutschbuch

Texte und Methoden

Arbeitsheft: **Die Seminararbeit**
Lösungen

1 Einleitung: Das W-Seminar

→ S. 3

1 **Was bedeutet der Terminus „Wissenschaft"?** *Wissen, das sich u. a. durch Forschung herausgebildet hat und weiter überliefert wird; Methode zur Wissensgewinnung, institutioneller Rahmen, in dem Forschung stattfindet* **Was sind die Ziele der Wissenschaft?** *die Wirklichkeit (in allen Dimensionen) erkennen und erklären; Gesetzmäßigkeiten, Ursachen, Abläufe und Zusammenhänge herausfinden; vorhandenes Wissen vermehren* **Was kennzeichnet die Methoden?** *Wertfreiheit, Rationalität, Unabhängigkeit, auf Sachbezogenheit begründete Objektivität, Verallgemeinerungsfähigkeit, Überprüfbarkeit*

→ S. 4

2

Methode	Naturwissenschaften	Sozialwissenschaften	Geisteswissenschaften
Experiment	*chemischer Versuch*	*Reaktion von Testpersonen in künstlich hergestellten Situationen*	
Interpretation	*Interpretation der Relativitätstheorie*	*Interpretation von Studien/ von Kommunikation*	*Auslegung eines Primärtextes*
Bildung von Hypothesen	*Hypothese, die der Versuch bestätigt/widerlegt*	*Hypothese, die die Feldforschung bestätigt/widerlegt*	*These, die an Texten überprüft wird*
empirische Forschung	*wissenschaftliches Experiment*	*Erhebung von Daten durch Umfragen*	*Umfragen in den Erziehungswissenschaften*
Auseinandersetzung mit Forschungsliteratur	*Literatur zu wissenschaftlichen Experimenten*	*Literatur zu ähnlichen Umfragen*	*Literatur zu ähnlichen Umfragen*

2 Orientierung im Rahmenthema

2.2 Überblicksinformationen strukturieren, visualisieren und vergleichen

→ S. 8

2 **a**

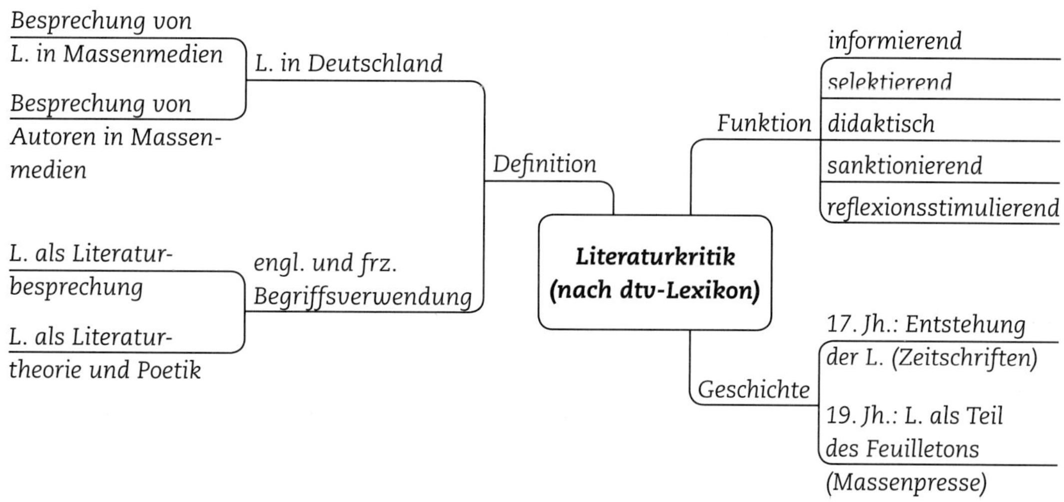

b

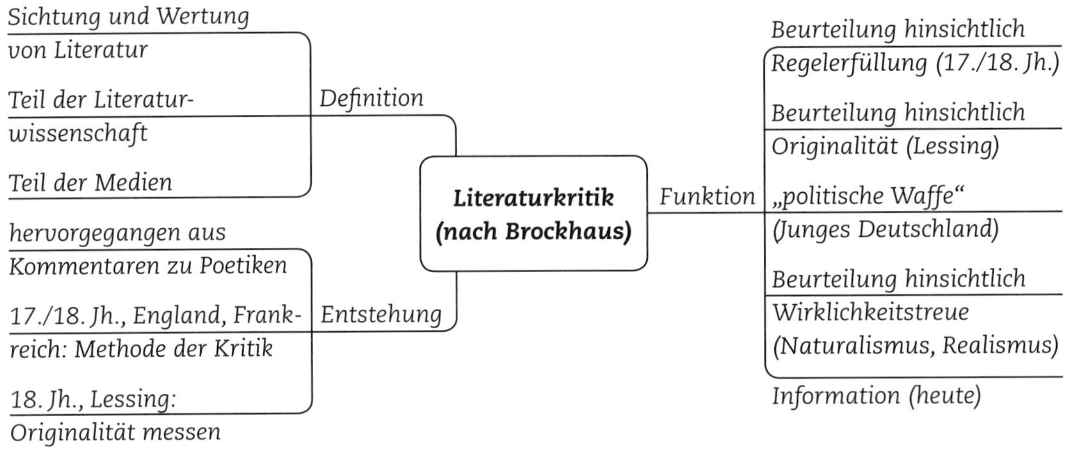

c

	Rahmenthema „Was ist ein gutes Buch? Einführung in die Wertung von Literatur“ Vergleich von Text 1 und Text 2
Gemeinsamkeiten:	– *Definition von Literaturkritik als journalistisches/akademisches Phänomen* – *Literatursystem: Literaturkritik als eine Institution, die sich im Zusammenspiel mit den Massenmedien entwickelt hat* – *Funktion: einen Überblick über die (neu erschienene) Literatur verschaffen, Literatur bewerten und damit Entscheidungshilfen beim Kauf geben, literarische Maßstäbe setzen und damit auf die Öffentlichkeit erzieherisch einwirken*
Unterschiede:	– *Schwerpunktsetzung: Funktionen von Literaturkritik in Text 1 ausführlich; Entwicklung der Literaturkritik vom 17. Jh. bis heute in Text 2 ausführlich*

2.3 Fachvokabular erarbeiten, ein Glossar erstellen

→ S. 9

1

Begriff	Erklärung
Essayistik	*Kunstform des Essays, d. h. kürzere, stilistisch anspruchsvolle Texte, in denen Sachverhalte aus gesellschaftl. o. kulturellen Bereichen subjektiv behandelt werden*
Kommentar	*1. mit Erläuterungen und kritischen Anmerkungen versehenes Zusatzwerk zu einem Text; 2. kritische Stellungnahme in Presse, Radio oder Fernsehen*
Literaturkritik	*wertende und informierende Beurteilung von (neu erschienener) Literatur; im Zusammenspiel mit dem Buchhandel, den Bibliotheken, den Massenmedien und dem Literaturunterricht an Schulen und Hochschulen entstanden*
Literatursystem	*Bezeichnung für den auf Literatur bezogenen gesellschaftlichen Handlungsbereich, z. B. Produktion, Rezeption, Vermittlung oder Verarbeitung von Literatur*
Literaturtheorie	*Überlegungen zur literarischen Produktion, die in theoretischen Texten, Briefwechseln oder Manifesten geäußert werden*
Literaturvermittlung	*hier: eine Funktion der Literaturkritik: Informieren über Neuerscheinungen und Aufstellen von literarischen Qualitätsmerkmalen*
Literaturwissenschaft	*Begriff, der sich in Deutschl. seit 1960 verbreitet und den älteren der Philologie ersetzt; Bez. für den Bereich der wissenschaftlichen, institutionell an den Universitäten verankerten Behandlung von Literatur; Disziplin der Geisteswissenschaften*
Massenmedien	*auf große Massen ausgerichteter Vermittler von Informationen und Kulturgut (Presse, Film, Funk, Fernsehen)*
Methode	*Art und Weise eines Vorgehens*
Poetik	*1. Theorie der Dichtung als Teil der Literaturwissenschaft; 2. Lehr-, Regelbuch der Dichtkunst*
Rezension	*kritische Besprechung einer künstlerischen, wissenschaftlichen oder ähnlichen Arbeit, besonders in einer Zeitschrift oder Zeitung*
Subjektivismus	*philosophische Anschauung, nach der es keine objektive Erkenntnis gibt, sondern alle Erkenntnisse Schöpfungen des subjektiven Bewusstseins sind*

3 Die Seminararbeit planen

3.2 Das Thema finden und präzisieren

→ S.13

1 5. *Der Einfluss der Massenmedien auf die Literaturkritik*
6. *Unterschiede zwischen akademischer und journalistischer Literaturkritik*
7. *Literaturkritik im Wandel der Zeit*

→ S.17

1 Thema 1: *Welche Formen der Literaturkritik gibt es? Worin unterscheiden sie sich? Warum unterscheiden sie sich? Wie zeigen sich die unterschiedlichen Formen am konkreten Beispiel?*
Thema 2: *Welche Beurteilungskriterien gibt es? Worin unterscheiden sie sich? Warum unterscheiden sie sich? Mit welchem Ergebnis für das konkrete Beispiel?*

4 Informationen beschaffen

4.2 Bibliotheken nutzen

→ S.24

2 Präsenzbibliothek: *Überblicke, Erläuterungen von Fachbegriffen, Hinweise auf weitere Informationsquellen*
Ausleihbibliothek: *ausführliche Sachinformationen, Hinweise auf weitere Informationsquellen*

4.5 Empirisches Material analysieren

→ S.34

1 Probleme: *Die Umfrage gewährleistet keinen Datenschutz. Die erläuternden Sätze können als Andeutung eines erwarteten und erhofften Umfrageergebnisses sowie als Wertung von Leseverhalten verstanden werden; sie manipulieren also und sind nicht objektiv.*

→ S.35

2 Dokumentationsmöglichkeiten: *durch Mitschrift, Tonbandaufnahme, Fotos, eine Videoaufnahme*

5 Informationen auswerten

5.1 Lesestrategien für wissenschaftliche Texte

→ S.36

2 Frage 1: *Wie wird Unterhaltungsliteratur definiert?*
Antwort: *Unterhaltungsliteratur ist fiktionale Literatur, die vorrangig unterhaltsam ist.*
Frage 2: *Wie grenzt sich Unterhaltungsliteratur von anderen Formen von Literatur ab?*
Antwort: *Unterhaltungsliteratur unterscheidet sich von Sachliteratur und Hochliteratur im Hinblick auf das gewählte Genre und die Machart des jeweiligen Textes, denn diese folgt der jeweiligen Absicht, mit der ein Text geschrieben wird.*

→ S.38

3

unklare Begriffe	Erklärung
Ästhetik	*Lehre von der sinnlichen Wahrnehmung; der Teil der Ästhetik, der sich mit der Dichtung befasst (Poetik), und untersucht, wie Kunstwerke entstehen, wahrgenommen werden und welche Strukturen sie haben*
Autonomieästhetik	*entstanden in der Romantik; Vorstellung, dass die Literatur oder Kunst ohne Bezug zur Wirklichkeit auskommt und autonome, d. h. eigene Welten erzeugt*
Essay	*kürzerer, stilistisch anspruchsvoller Text, in dem Sachverhalte aus gesellschaftlichen oder kulturellen Bereichen in betont subjektiver Weise dargestellt werden*
Fiktion	*Bezeichnung für die Eigenschaft der Dichtung, erfundene Sachverhalte so darzustellen, als seien sie real; Grundelement epischer und dramatischer Dichtung*

Gebrauchsliteratur	*Bezeichnung für Literatur, die auf einen bestimmten Gebrauchszweck hin ausgerichtet ist, z. B. Sach- und Fachliteratur, Schulbücher, Nachschlagewerke, Flugblätter, Reklametexte usw.*
Genre	*Gattung*
Kontext	*Situation, in der der Text verfasst und aufgenommen wird*
Rezeption	*allgemein die Aufnahme und Übernahme von fremdem Gedanken- und Kulturgut; in der Literaturwissenschaft die Art und Weise, in der Texte verbreitet und aufgenommen werden, d. h. die Wirkung einzelner Werke und Stile*
Rhetorik	*zusammenfassender Begriff für Theorie und Praxis menschlicher Beredsamkeit (mündlich und schriftlich) in öffentlichen und privaten Angelegenheiten; auf Überzeugung angelegt*
Sachliteratur	*unscharfer Begriff für Texte, die Themen aus den verschiedensten Wissensbereichen für ein breites Publikum verständlich und interessant aufbereiten*
Textsorte	*verschiedene Arten von Texten, die nach ihrer Funktion unterschieden werden und einen jeweils typischen Stil, Aufbau usw. aufweisen, z. B. Gebrauchsanweisung, Liebesbrief*

4 Lösungsvorschlag

Funktion	**Vorschlag für Markierungszeichen**
Signalwörter, Kerngedanken	Unterstreichung im Text
Kernpassagen	Anstreichen am Rand
inhaltliche Hervorhebung: besonders gut, wichtig	Ausrufezeichen
zweifelhafte, nicht ganz nachvollziehbare Darstellung	Schlängellinie am Rand
vorerst unklare Textstelle, über die Sie noch einmal nachdenken müssen	Fragezeichen
Verweis	Pfeil
These	T
Argument	Arg
Erläuterung	Erl
Beispiel	Bsp
Zitat	Zit
Definition	Def

→ S.39

5 **Simone Winko: Besonderheiten der Wertung von Unterhaltungs- und Sachliteratur**

6

Zur ‚Unterhaltungsliteratur' werden gewöhnlich fiktionale Texte gezählt, mit denen Leser in erster Linie unterhalten werden sollen; als ‚Sach'- oder ‚Gebrauchsliteratur' werden meist nicht fiktionale Texte bezeichnet, die an verschiedene Zwecke gebunden sind. Sehr unterschiedliche Textsorten	*knappe Definition* *Def*
werden unter diesen Begriff gefasst, von reinen Informationstexten – etwa Gebrauchsanleitungen, informierenden Zeitungstexten – bis zu Texten mit mehreren Funktionen – etwa Essays, in denen informiert, kommentiert und ein Bildungsstandard dokumentiert wird, Werbetexten, die suggerieren, manipulieren und informieren sollen, oder auch Predigten, deren Aufgabe es ist, religiöse Inhalte an eine Hörergemeinde zu vermitteln und Orientierung zu bieten. Problematisch an dieser Abgrenzung von Literatur mit Kunstanspruch gegen Unterhaltungs-, aber auch gegen	*Beispiele für informierende Texte* *Bsp*
Sach- und Gebrauchsliteratur ist die oft implizite Voraussetzung, der Unterschied manifestiere sich grundsätzlich in den Texten selbst. Tatsächlich sind aber die Grenzen fließend, was vor allem dann deutlich wird, wenn man den Rezeptionsaspekt beachtet: Auch ein anerkannt ‚hochliterarischer' Text wie Robert Musils Roman „Der Mann ohne Eigenschaften" kann – zumindest über lange Passagen hin – als Sachtext gelesen werden, der über die historische Situation der untergehenden k. u. k.-Monarchie oder über die Topografie Wiens zu Beginn des 20. Jahrhunderts	*! Problematisierung der Abgrenzbarkeit aus den Texten heraus* *Bsp*

informiert, und die sprachexperimentellen Gedichte Oskar Pastiors können Lesern in erster Linie zur Unterhaltung dienen. Umgekehrt können stark funktionsorientierte Texte wie Werbeanzeigen und Werbespots heute zur reinen Unterhaltung oder als ästhetische Gebilde rezipiert werden. Wenn wir hier dennoch an der Unterscheidung festhalten, so deshalb, weil sie im Sozialsystem Literatur tatsächlich vollzogen wird und sich auf die Wertung dieser Texte auswirken muss. Ist ein Text einmal der Rubrik ‚Unterhaltungsliteratur' oder ‚Sachliteratur' zugeordnet, kann man ihm mit Kriterien, die der bereits behandelten Literatur mit Kunstanspruch angemessen sein mögen, nicht gerecht werden.

Beispiele für Mischformen

! Begründung für Festhalten an üblicher Abgrenzung

Wo liegen nun die Unterschiede in der funktionalen Wertung ‚autonomer' und ‚heteronomer' Texte? Sie liegen, um es vorwegzunehmen, nicht im Verfahren des Wertens, sondern in den einzubeziehenden Kontexten. Zunächst haben wir [...] das Genre zu berücksichtigen, dem der zu bewertende Text zuzuordnen ist, um Anhaltspunkte für seine Funktionen und vermutlichen Intentionen zu bekommen. Hierbei handelt es sich offensichtlich um andere Traditionen und Genrekonventionen als bei Literatur mit Kunstanspruch: Spätestens seit Etablierung des Sozialsystems Literatur um 1800 und der Ausdifferenzierung des Literaturbegriffs sowie verschiedener ‚Höhenlagen' von Literatur ist mit eigenen Traditionen der Unterhaltungsliteratur zu rechnen, mit denen sich die Literaturwissenschaft nur zögernd befasst hat; Sachliteratur steht sogar – natürlich abhängig von der jeweiligen Textsorte – in noch älteren Traditionszusammenhängen. Diese für das Einzelbeispiel jeweils zu rekonstruierenden Genretraditionen wirken sich auch auf den zweiten Schritt aus, der für eine funktionale Wertung zu vollziehen ist: auf die Frage, mit welchen Mitteln die Funktionen bzw. Intentionen am geeignetsten einzulösen sind. Diese Frage nach den Konventionen der Produktion, nach der ‚Machart' der Texte führt bei Sach- und Unterhaltungstexten zu unterschiedlichen Ergebnissen. [...]

T Wertungsunterschiede ergeben sich aus den Zusammenhängen

1. spezifische Regeln und Überlieferungen für bestimmte U-Literatur seit 1800

2. geeignete Umsetzung der Vorgaben in Produktionsregeln

Unterhaltungsliteratur: Anders sieht die Lage für die Unterhaltungsliteratur aus: Zum einen sind deren Genrekonventionen (wenn auch noch längst nicht für alle Genres) besser erschlossen; zum anderen weisen die Texte zumindest über das Merkmal ‚Fiktionalität' Ähnlichkeiten mit dem Standardobjekt der Literaturwissenschaft, der ‚autonomen' Literatur, auf, sodass die Analyseverfahren übertragbar, wenn auch kontextuell zu modifizieren sind. Für die Frage nach der Machart des zu bewertenden Textes können wir zudem auf die Ergebnisse wirkungsbezogener Erzählforschung zurückgreifen, die wie die alte Rhetorik danach fragt, welche Stilmittel in welchem Rahmen welche Effekte hervorrufen können. Gemeint sind hier die Ergebnisse des ‚creative writing', einer Lehr- und Forschungsrichtung, die sich mit dem adäquaten Handwerkszeug des literarischen Schreibens befasst und besonders im angloamerikanischen Sprachraum Konjunktur hat. Dort hat ‚creative writing' seinen Platz im akademischen Lehrangebot, während es im deutschsprachigen Raum meist im Bereich der Volkshochschule angesiedelt ist. Tatsächlich wird aber unter der Fragestellung ‚Wie verfasse ich einen literarischen Text, der meine Absichten möglichst adäquat ausdrückt, und welche Mittel setze ich dazu ein?' Wissen um die handwerkliche Seite des Schreibens tradiert, die auch als Bedingung von ‚Literatur als Kunst' zu gelten hat, unter der Leitvorstellung der Autonomieästhetik aber (noch immer) selten thematisiert wird.

Prämissen für Wertung:
1. wiss. gut erschlossene Genrekonventionen

2. Ähnlichkeit mit Hochliteratur

3. Forschungsergebnisse aus creative writing für Machart nutzen

Creative writing vermittelt Techniken, um bestimmte Absicht wirkungsvoll auszudrücken

Renate von Heydebrandt, Simone Winko: Einführung in die Wertung von Literatur: Systematik – Geschichte – Legitimation. Paderborn u.a.: Schöningh 1996, S. 361ff.

7
1 *Begriffsdefinition*
1.1 *Begriffsklärung*
1.2 *Einschränkung der Gültigkeit wegen Grenzfällen, aber Festhalten an Abgrenzung*
2 *Wertungskriterien für Unterhaltungs- und Sachtexte*
2.1 *Kontextabhängigkeit der Wertung*
2.1.1 *Bestimmung der Genrekonventionen und der spezifischen „Machart" der Texte*
2.1.2 *Spezifische Regeln und Überlieferungen für Unterhaltungsliteratur seit 1800*
2.1.3 *Bestimmte „Machart" der Texte als Folge spezifischer Regeln*
2.2 *Prämissen für die Wertung von Unterhaltungsliteratur*
2.2.1 *Wissenschaftlich gut erschlossene Genrekonventionen*
2.2.2 *Ähnlichkeit mit der Hochliteratur*
2.2.3 *Forschungsergebnisse aus dem „creative writing"*

8 Zusammenfassung des Textes, basierend auf Kernaussagen: *Unterhaltungsliteratur wird definiert als fiktionale Literatur in Abgrenzung von fiktionaler Hochliteratur und der nicht fiktionalen Gebrauchs- und Sachliteratur. Sie ist mit eigenen Wertmaßstäben zu beurteilen, die sich aus den für die Unterhaltungsliteratur spezifischen Produktionsregeln sowie der daraus resultierenden Machart dieser Texte ergeben. Die Genrekonventionen der Unterhaltungsliteratur ähneln den wissenschaftlich gut erschlossenen Genrekonventionen der Hochliteratur. Um die Merkmale der Machart zu benennen, sollten Ergebnisse aus dem creative writing herangezogen werden.*

5.2 Ein Exzerpt anfertigen

→ S. 41

2

<table>
<tr><th colspan="2">Autor, Titel</th><th>Thema</th></tr>
<tr><td colspan="2">Renate von Heydebrandt, Simone Winko: Einführung in die Wertung von Literatur: Systematik – Geschichte – Legitimation. Paderborn u. a. 1996, S. 361 ff. (hier: S. 37 f.)</td><td>Theoretische Kriterien für die Wertung von Unterhaltungsliteratur</td></tr>
<tr><th>Seite</th><th>Zusammenfassung des Inhalts/Konspekt</th><th>Stichwort/Oberbegriff</th></tr>
<tr><td>37</td><td>– Kurzdefinition der Textsorten „Sachtext" und „Unterhaltungstext"
– Einräumen von Abgrenzungsproblemen, Vorführen an Beispielen
– Festhalten an der Abgrenzung auf Grund der Tatsache, dass diese Gewohnheiten des Literatursystems sich auch auf die Wertung der eingeordneten Texte auswirken: „Wenn wir hier dennoch an der Unterscheidung festhalten, so deshalb, weil sie im Sozialsystem Literatur tatsächlich vollzogen wird und sich auf die Wertung dieser Texte auswirken muss. Ist ein Text einmal der Rubrik ‚Unterhaltungsliteratur' oder ‚Sachliteratur' zugeordnet, kann man ihm mit Kriterien, die der bereits behandelten Literatur mit Kunstanspruch angemessen sein mögen, nicht gerecht werden." (S. 37)
– spezifische Regeln und Überlieferungen für bestimmte Unterhaltungsliteratur seit ca. 1800
– die Umsetzung dieser Regeln zu einer typischen „Machart"
– Prämissen für die Wertung:
1. wissenschaftlich gut erschlossene Genretraditionen
2. Ähnlichkeit mit der Hochliteratur: „[…] zum anderen weisen die Texte zumindest über das Merkmal ‚Fiktionalität' Ähnlichkeiten mit dem Standardobjekt der Literaturwissenschaft, der ‚autonomen' Literatur, auf, sodass die Analyseverfahren übertragbar, wenn auch kontextuell zu modifizieren sind." (S. 37)</td><td>– Zusammenhang Textsorte/ Wertung

– Wertungsunterschiede auf Grund des Kontextes
– Prämissen für die Wertung von Unterhaltungsliteratur</td></tr>
<tr><td>38</td><td>3. Forschungsergebnisse aus dem „creative writing": „Für die Frage nach der Machart des zu bewertenden Textes können wir zudem auf die Ergebnisse wirkungsbezogener Erzählforschung zurückgreifen, die wie die alte Rhetorik danach fragt, welche Stilmittel in welchem Rahmen welche Effekte hervorrufen können." (S. 38)</td><td></td></tr>
<tr><th colspan="3">Zusammenfassung und eigene Wertung</th></tr>
<tr><td colspan="3">– gute, verwertbare theoretische Überlegungen
– Konkretisierung fehlt noch, weitere Hinweise suchen</td></tr>
</table>

5.3 Positionen vergleichen

→ S. 44

1 **b**

	Iris Radisch	Klaus Theweleit
positive Wertung	*1. strategische Provokation / Roman füllt eine publizistische Lücke* *2. ungewöhnliche Perspektive*	*1. verstörende Darstellung des NS-Systems* *2. Provokation* *3. Hauptfigur überzeugt* *4. gut geschrieben*
Begründung	*1. Spiel mit Tabus (Perspektive eines SS-Mannes)* *2. Erkundung der Täterschaft von innen*	*1. aus der Perspektive eines Täters* *2. Roman bricht mit Erwartungen* *3. gut recherchiert, widersprüchlicher Charakter, der nicht heroisiert wird* *4. fesselnd geschrieben*
negative Wertung	*1. Heroisierung des Helden u. Nationalsozialismus* *2. Niveaulosigkeit, literarische Mängel* *3. Roman bietet keine neuen Erkenntnisse* *4. Roman ist „eine verstörende Arbeit am nationalsozialistischen Mythos“*	*1. Länge*
Begründung	*1. positive Eigenschaften des Helden* *2. Kitsch und Pornografie* *3. „Bibliotheksfantasie“*	*1. Vorwurf, Roman sei mit 1400 Seiten zu lang, hält Theweleit für nachvollziehbar*

5.4 Literarische Texte untersuchen

→ S. 46

2 **Aussage bzw. Interpretationsthese:** *Der Erzähler namens Grenouille inszeniert sich als Gott.*
Inhalt: *Es dominieren die Vorstellungen und Gedanken des Erzählers („Dies war sein Reich!“, „erschaffen und beherrscht, von ihm verwüstet, wann es ihm gefiel“, „(h)ier galt nichts als sein Wille“).*
Aufbau: *Es wird linear erzählt, wie Grenouille Samen aussät und dieser aufgeht.*
Erzähler: *Er-Erzähler, personales Erzählverhalten, beschreibend, ironisch*
sprachliche Gestaltung: *einfache Sprache und Strukturen, die der Schöpfungsgeschichte entsprechen*
Figurenkonzeption: *Der Er-Erzähler inszeniert sich durch seine Tat (die Schaffung eines Duftreichs) sowie durch die Sprache als Gott. Er wird direkt und indirekt als allmächtiger, selbstherrlicher Gott charakterisiert.*

5.5 Empirische Methoden verwenden

→ S. 47

1 **a** *Die Mehrzahl der Jungen und Mädchen nutzt täglich Radio, CD/MP3 und Fernseher, schaut eher selten Video/DVD. Ein Drittel nutzt selten Zeitschriften. Jeweils die Hälfte sieht selten Video/DVD.*
b *Starke Abweichungen gibt es bei dem Lesen von Büchern und der Benutzung der Playstation.*
c *Radio, CD/MP3 und Fernseher sind die von Jungen und Mädchen täglich am meisten genutzten Medien. Ein Drittel der Jungen und Mädchen liest selten eine Zeitschrift, die Hälfte sieht selten Video/DVD. Ein Drittel der Mädchen liest täglich Bücher, Jungen lesen Bücher selten und nutzen dafür eher die Playstation.*

→ S. 48

1 *Die Ergebnisse lassen sich gut in einem Säulen- oder Balkendiagramm darstellen.*

6 Exposé und Gliederung erstellen, Zwischenergebnisse vortragen

6.1 Ein Exposé verfassen

→ S. 50

1 Vorstellung der in der Arbeit behandelten Frage: *Z. 1–6*
Beschreibung des methodischen Vorgehens und eventueller Probleme: *Z. 7–16*
Umriss des Zeitplans und wichtiger „Meilensteine“: *Z. 17–19*
wesentliche Literatur: *Z. 20–25*

6.2 Eine Gliederung erstellen

→ S. 51

1 *Fehler: Zusammenfassung fehlt; I ohne II und I.1 ohne I.2 (unter B.); Überschriften unter D nicht im Nominalstil verfasst*

7 Die Arbeit schreiben

7.1 Wissenschaftlicher Stil

→ S. 55

2 Bei der Verwendung von Sekundärliteratur muss zum einen der jeweilige Interpretationsansatz der Autoren, zum anderen die Argumentationsweise Berücksichtigung finden – zur Vermeidung der Gefahr einer unreflektierten Übernahme von Meinungen und der Minderung der Verfälschung von Gedankengängen.
Wenn Sekundärliteratur verwendet wird, muss zum einen der jeweilige Interpretationsansatz der Autoren berücksichtigt werden, zum anderen die Argumentationsweise. So wird die Gefahr vermieden, dass Meinungen unreflektiert übernommen und Gedankengänge verfälscht werden.

Mangels Entschlossenheit der Kritiker zur Verhinderung des Niveauabfalls der Literatur erfolgen das Aufstellen eines Kanons und die Formulierung verbindlicher Leselisten meist nur zögerlich.
Weil die Kritiker nicht entschlossen genug sind, einen Niveauabfall der Literatur zu verhindern, reagieren sie unentschlossen und zögern, einen Kanon aufzustellen oder verbindliche Leselisten zu formulieren.

→ S. 56

3 Man kann daraus ableiten, dass (= *folglich*); Man sollte beachten, dass (= *beachtenswerterweise*); Es ist sicher, dass (= *sicherlich*); Niemand wird bezweifeln, dass (= *zweifellos*)

4 *Es handelt sich bei der Beurteilung von Literatur nicht allein um eine Geschmackssache, wie bei der Frage nach der Notwendigkeit literarischer Wertung zunächst zu beachten ist. Unbestrittenermaßen spielt bei der intuitiven, gefühlsmäßigen Bewertung von Literatur der persönliche Geschmack eine Rolle: Wir sind amüsiert, gelangweilt, verärgert … Aber bei der professionellen Wertung von Literatur haben objektivere Bewertungsmaßstäbe zu gelten. Dafür gibt es mehrere Gründe: Bekanntermaßen entscheiden Literaturkritiker über den Erfolg eines Buches mit. Folglich muss an ihr Urteil ein anderer Maßstab angelegt werden als an das eines Laien.*

7.2 Zitate und Verweise sachgerecht integrieren

→ S. 58

1 Zitat 1: *A, C, E, G, J;* Zitat 2: *A, C, E, F, J;* Zitat 3: *A, C, F, J;* Zitat 4: *A, C, F, J, I;* Zitat 5: *A, C, E, F, J*

→ S. 60

1 Die Erschließung […] sei für den Dichter Stefan George ein bedeutendes Ereignis gewesen. […] Mit diesen Texten habe sich Stefan George eine […] gesichert, um die er sich schon lange Zeit bemüht habe.
Karlauf stellt fest, dass George den Dichter Hölderlin dabei nicht nur als einen seiner Vorläufer dargestellt habe. *Vielmehr habe George in Hölderlin eine verwandte Seele erkannt, einen Dichter, der in seinen späten Gesängen sein Gotteserlebnis zu vermitteln versuche. Hölderlin, so Max Kommerell 1928, habe das in seinen Werken beschworene Göttliche in der Gegenwart wahrgenommen und danach gelebt. Dichten im Sinne Hölderlins bedeute daher, dass man über seine Erfahrung des Göttlichen so lange schreibt, bis es sich offenbart.*

7.3 Ein Quellenverzeichnis anlegen

→ S. 63

1 *Safranski, Rüdiger: Friedrich Schiller oder Die Erfindung des deutschen Idealismus. München 2007.*
Fuhrmann, Manfred: Der europäische Bildungskanon des bürgerlichen Zeitalters. 3. Aufl. Frankfurt/M., Leipzig 2000.
Freud, Sigmund: Der Dichter und das Fantasieren. In: Fotis Jannidis u. a. (Hrsg.): Texte zur Theorie der Autorschaft. Stuttgart 2000, S. 35.